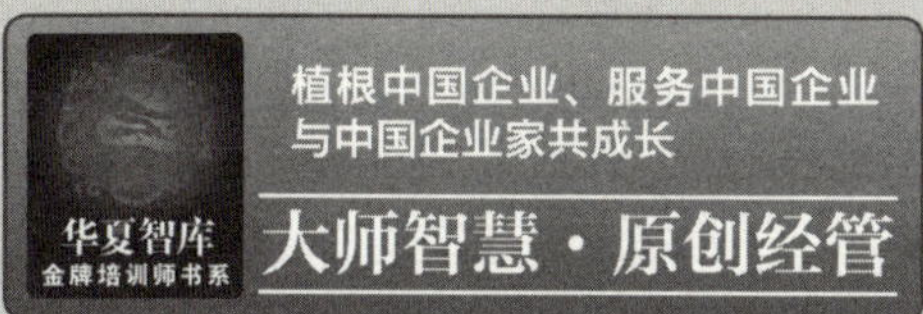

老板的"营销经"

打造你的终身职业价值

愚公　刘强　玄婉玥◎著

中国财富出版社
（原中国物资出版社）

图书在版编目（CIP）数据

老板的“营销经”：打造你的终身职业价值／愚公，刘强，玄婉玥著．—北京：中国财富出版社，2012.7

（华夏智库·金牌培训师书系）

ISBN 978－7－5047－4254－4

Ⅰ．①老…　Ⅱ．①愚…　②刘…　③玄…　Ⅲ．①营销—基本知识　Ⅳ．①F713.3

中国版本图书馆 CIP 数据核字（2012）第 080080 号

策划编辑　范虹轶　　责任印制　方朋远
责任编辑　刘淑娟　　责任校对　孙会香　梁　凡

出版发行　中国财富出版社（原中国物资出版社）
社　　址　北京市丰台区南四环西路 188 号 5 区 20 楼　　邮政编码　100070
电　　话　010－52227568（发行部）　　010－52227588 转 307（总编室）
　　　　　010－68589540（读者服务部）　　010－52227588 转 305（质检部）
网　　址　http：//www.clph.cn
经　　销　新华书店
印　　刷　北京京都六环印刷厂
书　　号　ISBN 978－7－5047－4254－4/F·1781
开　　本　710mm×1000mm　1/16　　版　　次　2012 年 7 月第 1 版
印　　张　14.25　　印　　次　2012 年 7 月第 1 次印刷
字　　数　233 千字　　定　　价　32.00 元

《华夏智库·金牌培训师书系》编委会

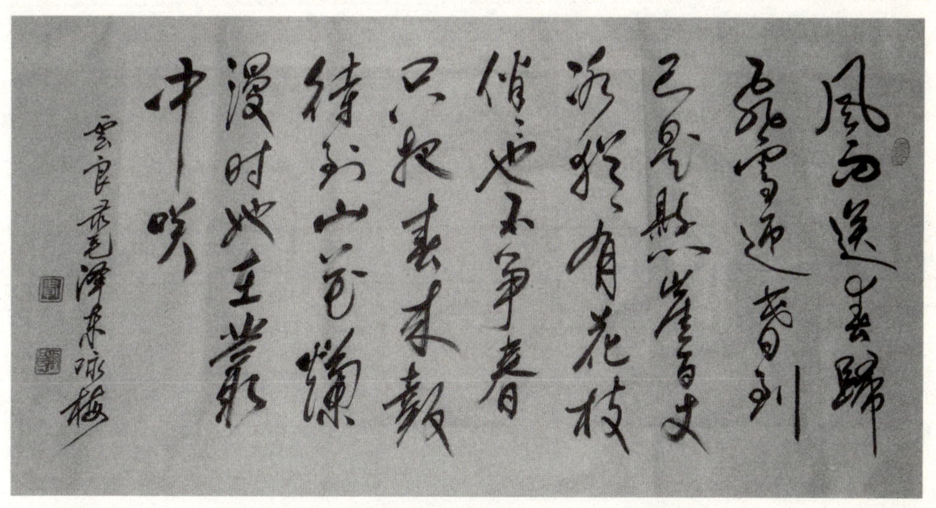

《卜算子·咏梅》——费云良①书

壬辰年初，云良兄赠与《卜算子·咏梅》，旨在弘扬“傲梅寒雪报春”之精神，实为老板营销创业之根基，感动中与众分享以共勉。

赠云良兄

乐书法，数十载费笔泼墨；

善摄影，历寒秋云游天下。

为人信，皆赞温良恭俭让；

民长者，众敬德仁义礼贤。

愚公

壬辰年正月十八

① 费云良，山东烟台人。山东省政府原党组成员，山东半岛蓝色经济区原建设办公室主任，齐鲁摄影学会名誉主席，山东汉唐盛韵文化艺术研究中心理事长，山东大学山东发展研究院副院长。

序　一

营销之父菲利普·科特勒把市场营销定义为：企业认识目前未满足的需要和欲望，估量和确定需求量大小，选择和决定企业能最好地为其服务的目标市场，并决定适当的产品、劳务和计划，以便为目标市场服务的过程。这是一个传统的市场营销的概念，传统的市场营销紧紧围绕交易的目的，强调将尽可能多的产品和服务提供给尽可能多的顾客，典型代表是麦卡锡教授提出的4P组合。其出发点是仅注重企业的利润，并没有将顾客需求放到与企业利润同等重要的位置上来。后来以舒尔兹教授为首的一批营销学者提出了4C的市场营销理论，把顾客整合到了市场营销过程中。

关于市场营销的书有很多，有些是关于营销战略，有些是关于营销技巧。但是很少有一本书能够将战略和技巧完美地结合起来，提供一种可供操作的营销战略体系。愚公先生的这本《老板的“营销经”》正是这样一本阐述营销战略体系的专著。在本书的论述中，内容环环相扣，逻辑清晰明确，各章节题目文字整齐优美，层次紧密相连，研读起来让人赏心悦目。

在《老板的“营销经”》一书中，愚公先生结合自己在金融业几十年的营销经验，从企业的首席客户经理——老板的视角出发，创新性地阐述了价值营销的理念和体系。愚公先生将老板的自身价值与企业价值关联在一起，老板在成就企业发展价值的同时，也成就了自己的职业价值。本书介于单一的理论说教及纯粹的案例分析之间，既避免了空洞的理论说教，又能很好地结合作者本人亲身的营销经历及感悟，自然而又真诚地将“营销经”抒发了出来，帮助老板实现企业价值及自身价值的双赢。

愚公先生从营销系统的顶层角度进行设计，以“五和战略”的理念为基础来阐述老板的“五和营销经”。具体包括四个模块：营销战略、营销策略、营销模式和营销技巧。四个模块前后有序，充分贯彻和体现系统营销的思想。

在战略的规划和指引下，选择合适的营销策略，通过具体的营销模式及娴熟的营销技巧，带动整个组织系统的协作和参与，形成全方位的能力，而不仅仅依靠产品、包装、服务、品牌等单一或几个方面的能力，从而实现“志向之上的战略、战略之上的策略、策略之上的模式、模式之上的技巧、技巧之上的客户”。

《老板的“营销经”》是建立在“五和营销经”的理论基础上，各章节依次对应展开论述。其中，多学科的融会贯通也是本书的一大亮点。营销本身就是一门包罗万象的学问，在此书中，愚公将社会学、关系学、审美学、心理学、经济学、机会学六门学问统一于“营销经”中。它们是营销中的“选对路、找对人、说对话、做对事、算对账、择对时”。在营销中上下贯通，合成一体，其间穿插了对人性的分析与总结，做到了微观层面上充分认识和把握人性，宏观层面上顺应社会规律。通过“人之所欲，必施于人”做到不断寻找并满足客户的核心需求。

营销既来源于生活又高于生活。愚公先生通过其严谨的逻辑体系论述，结合其自身几十年的营销实战经历，向读者讲述了“营销经”的内涵——利人之上的利己。理论的严谨性及合理性，内容的充实性和真实性，正是本书的特色所在。当然，营销是一门需要不断挑战、不断探索、不断创新的学科，期待学界的理论探讨及市场实战的共同检验。

是为序！

张利庠[①]

书于中国人民大学

2012年1月13日

---

① 张利庠，中国人民大学农业与农村发展学院副院长，教授，博士生导师，斯坦福大学高级访问学者。

序　二

工作关系的原因，接触了各式各样的管理实践者。令我惊奇的是，许多企业家，可能没有很高的学历层次，没有很深的专业理论基础，却有着不同常人的商业悟性和管理思想。在商业世界，企业家在做着主角，创造着财富，而专业人士也可能只做些评头论足的事情。

与作者的相识是在一个管理论坛上。作者首先是一个管理实践者，他是优秀的银行行长，同时又是管理思想的传播者，他兼职担任包括济南大学管理学院在内的多所院校的客座教授，以企业家的社会责任无私地奉献着他的管理智慧。拜读过作者的《老板的“营销经”》后，深感这是作者多年来管理经验的升华，闪烁着他善于思考的智慧光芒。

一个成功的老板绝对是一个优秀的营销者。管理学大师彼得·德鲁克指出，企业的目的是创造顾客。顾客是企业的基石，是企业存活的命脉。驾驭企业发展的老板必须认识到，营销是企业的独特功能，单单建立起强大的销售部门，并赋予推广的重任还不够。营销的范围不但比销售广泛得多，而且是涵盖整个企业的活动，因此，老板的重任是建立起企业与社会沟通的渠道。如果说营销人员是销售产品，那老板就是营销整个企业。那么，在日益激烈的市场竞争中，企业如何才能把握顾客的需求，进而迅速满足顾客不断变化的需求，作者的这本《老板的“营销经”》给出了很好的解答。作为老板的必读之作，该书具有以下两个显著的特点。

一、以通俗易懂、图文并茂的形式诠释营销的真经

作者以朴素的语言巧妙地将经典国学智慧融入老板的营销思想，没有晦涩的理论，就像聊家常故事，但故事里蕴藏着管理的真经。作者借用中国历史上诸多经典案例，为我们一一评点了营销本质，本书堪称是一本融合中国传统文化的营销百科大全。

二、从战略方针到实地战术全视角，对营销进行全程指导

在本书中，作者从道、礼、经、使命、优势和价值等方面，层层递进，阐释老板的营销修炼：如何策划战略，如何提高个人形象的魅力，如何做一名营销戏剧中的导演，如何当好一个演员，如何提高演技，最后归结到老板如何提高自身的价值，对读者来说这些都极具实战指导价值。

读万卷书，也许真的不如“走万里路”。专业和悟性谁高谁低，在营销和管理领域也许永远没有定论。这本书没有在理论上探索得多么高深，但正是这些通俗易懂的经营之道和思想精髓，会助力您的“老板”事业更加卓越！

张守凤①

书于济南大学

2012年3月15日

① 张守凤，济南大学国际交流学院院长，教授，企业战略管理研究专家。

序　三

营销是一个舶来之词，是英文的 Marketing 翻译过来的，中文直译为经营销售。Marketing 有三层意思。一是指营销活动。Market 的名词含义是指市场，动词含义是指在市场上的销售或购买活动，其动名词形式是 Marketing，意思是买与卖。Marketing 的第二层含义指研究如何做好营销工作的知识体系或者理论体系，中文简称营销学（或市场营销学、市场学），这门学科兴起于 20 世纪五六十年代的美国。尽管西方学者对营销活动的理论探索可以追溯到 200 年以前，但是这个领域的知识成为一门科学是近五六十年的事情。一门科学需要有比较完整、成熟的知识体系，这个知识体系基本上把营销工作中可以遵循的规律描述出来。Marketing 的第三层含义是指营销艺术，是营销中遵从科学又高于科学的创造性营销活动。事实上，营销活动没有一套统一的、放之天下皆准的法则，需要营销人员能够根据具体的实际情况分析采取措施。

营销活动的本质是沟通，基于买卖者之间的信息沟通，促成交易，给买卖双方带来价值。卖者是一个群体，一般指工商企业；买者也是一个群体，一般被称为消费者，包括最终消费者和由最终消费者派生出来的各个层次消费者。买卖双方买卖什么、如何买卖、何时买卖、如何顺利实现买卖等各类问题都是营销学研究的题目，并由此进一步延伸到对卖者群体和对买者群体的独立研究，特别是对买者的深入研究。深入研究买者的各种信息是做好营销工作的起点。

人的需求是不断变化的，人也是有限理性的，这为营销学提供了广阔的研究空间。东西方文化的差异，带来东西方消费者需求的不同、需求变化规律的不同，由此也产生了不同的营销思想和营销策略。

在市场经济条件下，一般认为人类对物质需求是有限的，对精神需求是无限的；但是精神需求的满足很大程度上是通过对物质需求的满足来实现的，由此产生了对物质的无限需求。不断产出更多更好的物质成为推动现代科学发展的主要动力，并由此带来了人与人之间的过度竞争和压力，从而降低了许多物质丰富带给人们的幸福感。

营销活动和人类其他各种活动一样，一定是不断增加人类幸福感的。那么什么样的营销活动会带给人们最大的价值，就值得我们去探索。西方的营销学是基于西方经济学和功利性价值体系衍生出来的知识体系，容易学，很实用，也很有局限性。这种局限主要表现在对人类的需求探索过于注重理性的假设，注重客观性研究，注重功利性目标，这也是科学方法在营销研究的局限性。

那么，在东方文化背景下能否形成一种基于西方营销科学，又超越科学的营销理论体系呢？我认为愚公先生的《老板的“营销经”》是一个有益的探索。

第一，该书的营销理论不仅仅是基于功利主义的经济学，而是将社会学、关系学、审美学、心理学、经济学、机会学等各种不同领域的知识融合于营销中，丰富了营销理论研究方法，开阔了营销的研究视野，拓展了营销理论的研究领域。

第二，该书认为营销活动的永恒之道是利人之上的利己，或者说是利己之上的利人，在营销中要体现出利人与利己的对立统一关系。正如《道德经》所述：圣人后其身而身先，天地以其无私而成其私，故能长久。好的营销工作要长久，一定是利人利己的。

第三，该书把营销者的主体界定为老板，而不是职业经理人、推销员或营业员。老板与经理人的最大不同在于其主动思维，而不是被动服从。老板才是营销工作中的卖者群体的核心价值引领者，是价值观的塑造者，是对营销者分析的核心群体。

第四，该书把营销的对象定义为价值，而不仅仅是产品。产品仅是价值的一种表现形式，创造价值才是联结买卖双方的内在纽带。

第五，在上述新的界定之下，本书勾勒出基于东方文化的营销战略、营销策略、营销模式和营销技巧等全新的营销知识体系。

如果说营销学是职业经理人的成功之道，那么把东方文化理念融合到西方营销学中的营销经，对西方营销理论画龙点睛，增加了营销中的灵性，才是老板的真正成功之道。

夏同水①

书于山东师范大学

2012 年 3 月 25 日

① 夏同水，山东师范大学商学院院长，教授，企业战略与产业组织、企业兼并专家。

前　言

老板，是社会财富的创造者，是真正能够掌握自己命运的人，同时也是掌握团队命运的领航者。老板是市场经济发展中每个组成单元的主导者，他们不仅肩负着自己的发展命运，也承担着团队未来的发展使命。可以说，在改革开放几十年来的经济快速发展中，老板是推进社会建设与经济发展最可爱的人，《老板的“营销经”》就是献给这些最可爱的人的一本营销书。

一、营销的意义

营销用一句话来表述就是“人之所欲，必施于人”。营销就是不断地为对方创造其所需要的价值，只有这样我们才能获得我们所需要的价值。从人一生的职业发展来看，不论你是做什么的，不论你喜不喜欢营销、是不是做营销，一个不争的事实就是你的一生都是在营销。

人既有自然属性，也有社会属性。中国人际关系中最大的特点是“情、理、法”，中国人对情非常看重，正如孟子曰：“动之以情，晓之以理。”中国人“情、理、法”的思维与西方人“法、理、情”的思维是不同的，中国的营销必须是用“情感＋理性”两条腿走路，既不是纯粹的感性，也不是纯粹的理性。

社会属性要求每个人的底线必须符合职业行为，社会属性的增强要求人建立更高的职业行为，所以我们必须在营销中不断修炼自己的社会属性，降低自己的自然属性。营销是多门学科的复合叠加，用公式表示如下：

营销＝宏观谋划（社会学＋关系学）＋
微观操作（审美学＋心理学）＋
中观策划（机会学＋经济学）

二、营销的价值

孔子曰：“己欲立而立人，己欲达而达人。”只有在为别人创造价值的过程中，我们才会建立起自己的关系价值资源网络，并成就自己一生的职业价值，这正是“客户靠推荐、信息靠沟通、感情靠走动、关系靠维护、产品靠引导、需求靠创造”。营销中要想获得对方的持续认可，就要为对方创造最大的综合价值，创造最大的“产品的硬价值+营销的软价值”。

营销价值=渠道价值+客户价值+产品价值+企业价值

老板的一生都是在营销自己最精彩的价值，并把自身价值与公司价值关联在一起，最终成就企业发展价值的同时，成就自己的职业价值。营销的本质是先为别人带来价值，而后自身才有价值，是“立人”之后的“立己”，是“达人”之后的“达己”。

三、营销的效果

真实的营销永远都是伴随着“惊心动魄、惊险攀登、惊喜跨越”三个阶段，只有经历了过程的惊心动魄，关键时刻的惊险攀登，才能真实体会到成功之后的惊喜跨越。营销的过程用六句话来概括就是“察言观色、善解人意、画龙点睛、点到为止、恰到好处、止之于善”，经过了这六个阶段之后，营销才可以实现“上善若水、举重若轻、事半功倍”的营销效果。

同样在学习《孙子兵法》，不同人有不同的学习成果；同样在进行营销，不同的人有不同的实战效果。营销的实战效果用一句话来概括就是“运用之妙，存乎一心”。希望每个人都能够营销出自己最精彩的一面，在营销中创造出自己的终身职业价值。

愚公

书于泉城

2012年4月17日

目录
CONTENTS

第一章

营销之道：战略 + 形象

子曰："志于道，据于德，依于仁，游于艺。"

——《论语·述而》

子曰："不患人之不己知，患不知人也。"营销要做到知己之上的知人，做到"知者不惑、仁者不忧、勇者不惧。"老板作为首席客户经理，必须要打造"营销战略、营销策略、营销模式、营销技巧"融合之下的营销经（见图1-1），实现"志向之上的战略、战略之上的策略、策略之上的模式、模式之上的技巧、技巧之上的客户。"

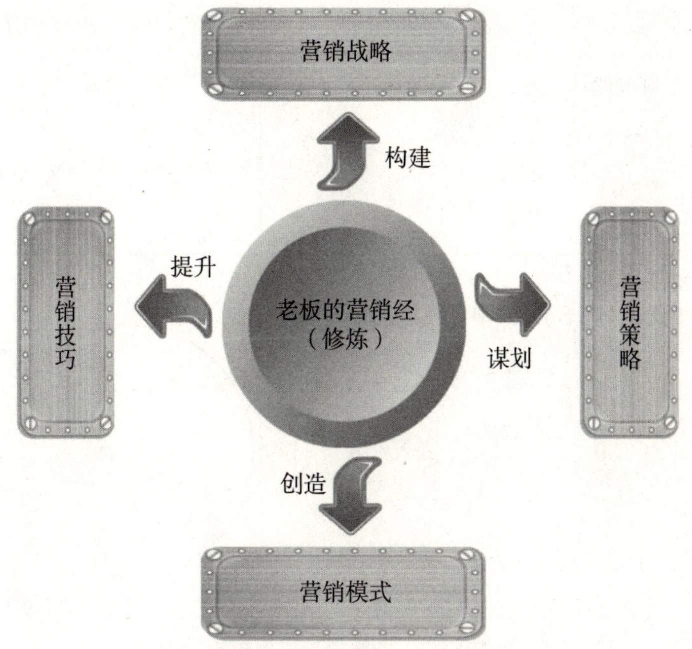

图1-1　老板的营销经

传统营销是以产品推销为中心。产品硬价值辅助以较小的服务软价值，所以给客户带来的综合价值并不高。服务营销中已经开始注重服务的软价值，但是局限于对产品的服务本身，为客户提供的个人价值并不高，所以综合价值也不是很高。本书讲述的是价值营销，这是指在产品的硬价值的基础上，从理性和情感两个方面给客户创造更大的软价值，从而为客户带来最大的综合价值（见图1－2）。价值，是贯穿本书始终的一个主线索，如何为客户创造他所需要的价值，是本书写作的主题。

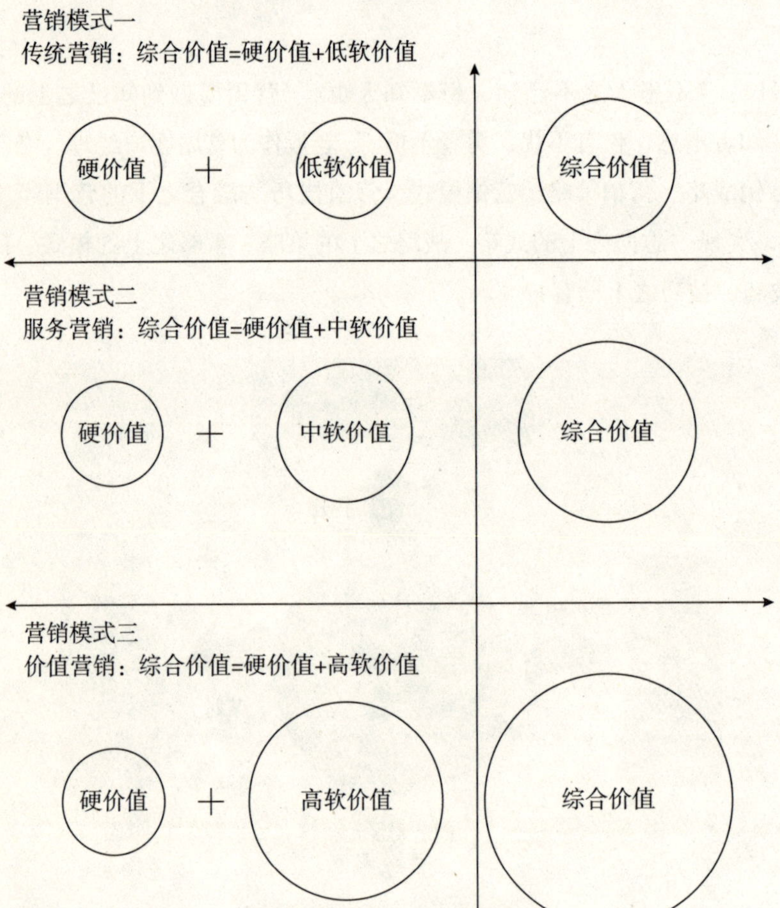

图1－2　营销指导思想模式

营销必须要同时符合社会规律和人性。社会规律是你能走多远，取决于你与谁同行，营销所要遵循的社会规律就是找到并满足我们的目标客户。人性是趋利避害的，人既是理性的，也是感性的；人既是强大的，也是脆弱的。营销需要在微观层面对人性充分认识和把握，做到"从营销对方的心理着手、

从改变对方的判断着力、从达成预期的结果着眼。社会学、关系学、审美学、心理学、经济学、机会学六门学问是营销中的“选对路、找对人、说对话、做对事、算对账、择对时”，它们在营销中是上下贯通，环环相扣，关联叠加，合成一体（见图1-3）。

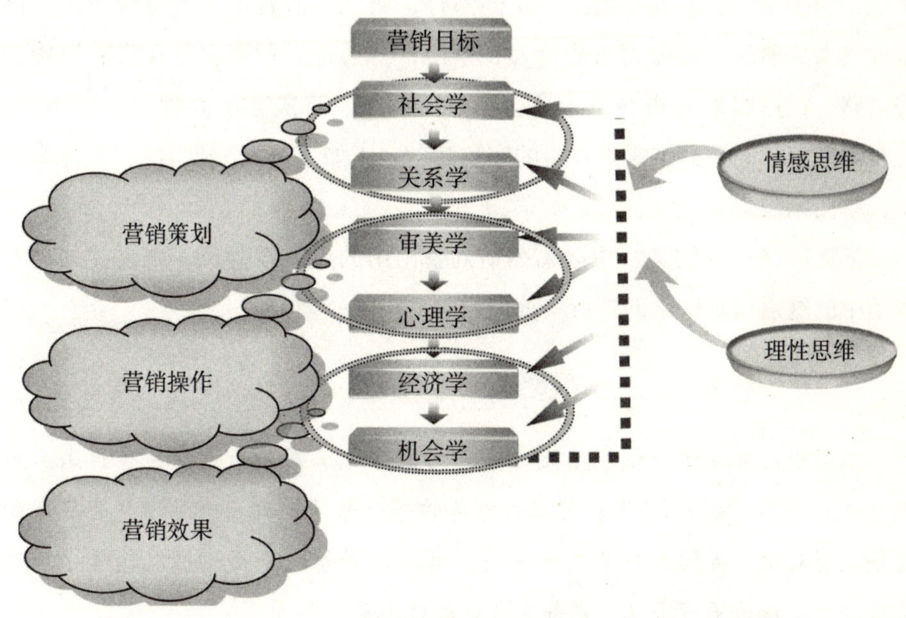

图1-3　老板的六步营销

第一节　不患人不知，患不知人

营销，是试图用客户期待的预期，引领或改变客户判断的能力。营销的核心是以对方为中心，要符合对方的利益、符合对方的需求模式，给对方带来精神变物质的力量，给对方带来振奋和美好蓝图的确定。本节从营销六部曲、营销战略、营销策略、营销模式、营销技巧五个方面，对知己之上的知人进行阐述，力图打造出一种营销的大概念、大格局、大蓝图，而不只局限于营销的谋略和技巧。

一、营销六部曲

营销的实施有四论作为指导：第一，效果论，营销要求的是实战效果；第二，倒推论，营销需要满足一定的条件；第三，搁置论，当营销所需要的条件尚未成熟时，要懂得蓄势待发；第四，变通论，营销就是在没有路中创造出路。在这四论的指导下，社会学、关系学、审美学、心理学、经济学、机会学六门学问是营销需要打造的完整基础，正如《内经》所言：“根深则叶茂，本固则枝荣。”

下面以《三国演义》中诸葛亮请刘备出山的这一段为例，来讲述如何对营销中的这六门基础学问进行实战应用。

战略营销家刘备[①]

三国中的刘备是一位营销战略家，刘备通过三顾茅庐让诸葛亮出山后为汉室江山鞠躬尽瘁了27年，可以说刘备的每一顾茅庐都换来了诸葛亮9年的服务。有人说刘备的天下是哭出来的，有人说刘备是一个感性思维重于理性思维的人，但是不可否认，刘备在营销战略上是一位大家。

47岁之前刘备带着自己的兄弟四处投靠，先后投靠邹靖、公孙瓒、陶谦、曹操、袁绍、刘表，直到47岁时仍一无所获。(无战略指引)

但是47岁的时候，徐庶和司马徽力荐诸葛亮，形容他“可比兴周八百年之姜子牙、旺汉四百年之张子房也”。(信息推荐下的精确拜访，99+1=100)

刘备、关云长、张飞亲自前往隆中拜访诸葛亮（第一次亲自拜访），第一次寻访未遇，有诗言：“一天风雪访贤良，不遇空回意感伤。冻合溪桥山石滑，寒侵鞍马路途长。当头片片梨花落，扑面纷纷柳絮狂。回首停鞭遥望处，烂银堆满卧龙冈。”(诸葛亮情感的第一次感动)

光阴荏苒，又早新春。乃令卜者揲蓍，选择吉期，斋戒三日，薰沐更衣，

① 资料来源：《三国演义》第三十七回，罗贯中著。

再往卧龙冈谒孔明，访孔明两次不遇。（执著的第二次拜访，诸葛亮情感的第二次感动）

第三次，三人来到庄前叩门，童子开门出问。玄德曰："有劳仙童转报：刘备专来拜见先生。"童子曰："今日先生虽在家，但今在草堂上昼寝未醒。"玄德曰："既如此，且休通报。"（礼仪之上的义气与尊重，诸葛亮情感的第三次感动）

玄德吩咐关、张二人，只在门首等着。玄德徐步而入，见先生仰卧于草堂几席之上。玄德拱立阶下。（刘备举止真诚，修炼成熟）

半晌，先生未醒。望堂上时，见先生翻身将起，忽又朝里壁睡着。童子欲报。玄德曰："且勿惊动。"（礼贤下士的举止，再次打动做到营销中的"100+1=101"）

又立了一个时辰，孔明才醒，口吟诗曰："大梦谁先觉？平生我自知，草堂春睡足，窗外日迟迟。"孔明吟罢，翻身问童子曰："有俗客来否？"童子曰："刘皇叔在此，立候多时。"孔明乃起身曰："何不早报！尚容更衣。"遂转入后堂。又半晌，方整衣冠出迎。（累积情感的真诚）

孔明一开始推辞："亮乃一耕夫耳，安敢谈天下事？"玄德曰："大丈夫抱经世奇才，岂可空老于林泉之下？愿先生以天下苍生为念，开备愚鲁而赐教。"（情感之上的志向一致）

孔明笑曰："愿闻将军之志。"玄德屏人促席而告曰："汉室倾颓，奸臣窃命，备不量力，欲伸大义于天下，而智术浅短，迄无所就。惟先生开其愚而拯其厄，实为万幸！"（双方对未来预期的认同）

玄德拜请孔明曰："备虽名微德薄，愿先生不弃鄙贱，出山相助。备当拱听明诲。"孔明曰："亮久乐耕锄，懒于应世，不能奉命。"玄德泣曰："先生不出，如苍生何！"言毕，泪沾袍袖，衣襟尽湿。（情中有理，理中含情，情理并举）

孔明见其意甚诚，乃曰："将军既不相弃，愿效犬马之劳。"

玄德大喜，遂命关、张入，拜献金麻礼物。孔明固辞不受。玄德曰："此非聘大贤之礼，但表刘备寸心耳。"（情理之上的人品，礼出有名，实现了营销的"情+理+礼"）

在诸葛亮的战略指导之下，刘备居西南而谋天下，率领自己的兄弟打下一片江山，于61岁时在成都武担的南面登基建立蜀汉。(战略目标的第一步得以实现)

刘备对诸葛亮的营销出山，是"社会学+关系学+审美学+心理学+经济学+机会学"下的关联营销（见图1-4）。

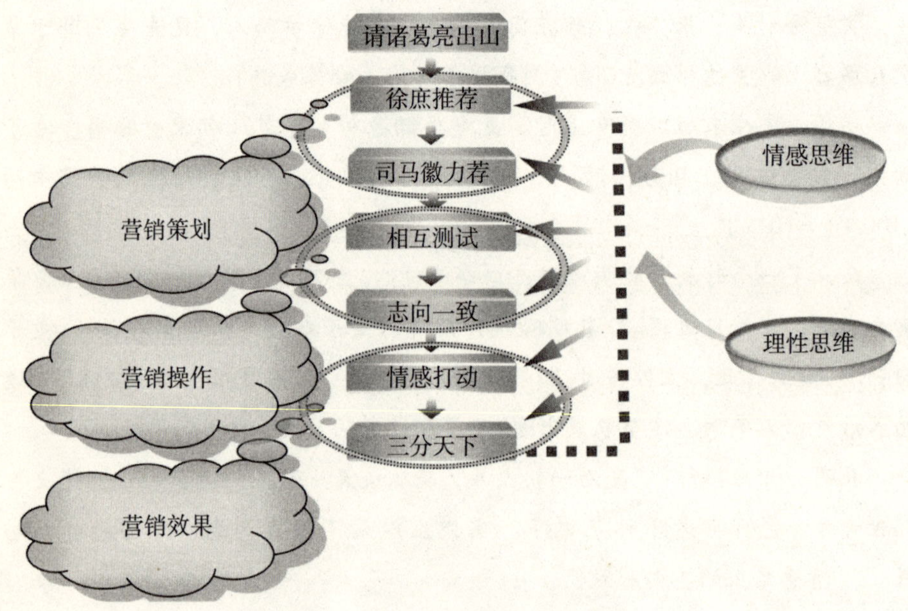

图1-4 营销诸葛亮出山关联图

第一，社会学，诸葛亮与博陵崔州平、颍川石广元、汝南孟公威与徐元直四人为密友，刘备得到徐庶对诸葛亮的推荐，找到了需要的人才。

第二，关系学，司马徽对诸葛亮力荐，并称诸葛亮为"可比兴周八百年之姜子牙、旺汉四百年之张子房也。"通过内部人的再次推荐，刘备确定诸葛亮为人才。

第三，审美学，刘备和诸葛亮进行相互测试，以确定对方是否是自己所需要的人。诸葛亮也想找一个可以实现大业，并且能够亲贤臣远小人、听进去别人建议的主公，所以他在通过自己的测试方式对刘备进行评价。诸葛亮有观人七法，"问之以是非而观其志，穷之以辞辩而观其变，咨之以计谋而观

其识，告之以祸难观其勇，醉之以酒而观其性，临之以利而观其廉，期之以事而观其信。”在与刘备的初次交往中，诸葛亮主要测试刘备的志向，这也是诸葛亮最看重的品质。

第四，心理学，真正打动诸葛亮的是对刘备志向的认同，“汉室倾颓，奸臣窃命，备不量力，欲伸大义于天下。”刘备的这种大志，非常符合诸葛亮自比管仲、乐毅的自我心理定位，这种英雄惜英雄的感觉是形成心理认同的关键。

第五，经济学，刘备对诸葛亮采取的是以情动人的沟通方式，三次拜访显示诚意，伫立床前表示尊重，潸然泪下求得同情，这些无成本的情感投入恰恰体现了刘备的真诚，而这种真诚也正是诸葛亮所需要的。

第六，机会学，刘备请诸葛亮出山恰恰是形成三分天下的最佳机会，这个时候刘表和刘璋没有能力守住自己的地盘，孙权还没有进行西扩，曹操还没有统一北方，这是战略的最佳时机。可以说，刘备是有能力没位置，刘表和刘璋是有位置没能力，在最佳的时机请诸葛亮出山，是创造最佳战略效果的关键。

二、营销战略

营销战略是围绕目标客户展开的，在一个产业价值链中最有价值的是两端，即研发环节和营销环节。研发从属于自然科学领域，是“科学+技术”，具有高度的科学性及理性思维。营销从属于社会科学，是一种“情感+理性+科学+哲学”的综合思维体系，是在高度科学基础之上的“情感思维+理性思维”。研发和营销两者的共同点是高风险（不确定性）之上的高收益，两者的区别点是两种不同的思维方式。研发是理性思维，营销是情感之上的理性思维，营销由于其独特的思维模式，成为“科学+艺术”的一门综合学问。

20世纪90年代以前，生产环节是产业链中附加值最高的环节，营销的附加值要小于生产。但是，随着经济环境的变化，产业链价值的微笑曲线逐渐形成，营销和研发成为了高风险、高价值并重的环节，如图1-5

和图 1 - 6 所示。任何事情都不是轻轻松松成功的，成功背后的汗水是不为人所知的。由于营销的环境与因素具有诸多不确定性，面对这些不确定性需要老板极大的梦想与激情，所以营销这个环节既具备高价值也具备高风险。

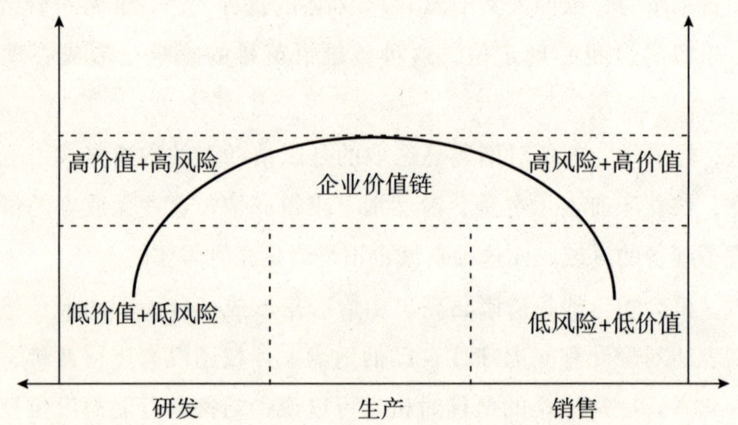

图 1 - 5　20 世纪 90 年代之前工业时代的价值风险曲线

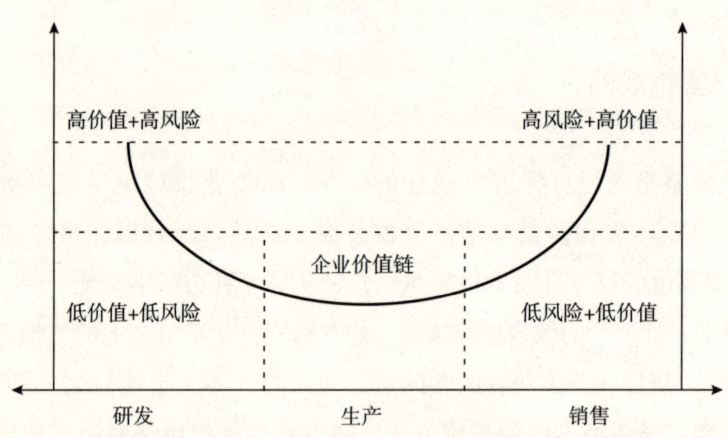

图 1 - 6　20 世纪 90 年代之后科技时代的价值风险曲线

营销战略是营销的大格局，是宏观（社会学 + 关系学）、微观（审美学 + 心理学）、中观（机会学 + 经济学）的融合统一，概括为五个字就是“舜、道、德、耕、时”——据于舜，从于道，依于德，勤于耕，善于时。老板的

营销是打造职业价值和关联价值的综合叠加：职业价值是策划力、导演力、表演力三种价值的叠加；关联价值是渠道价值、客户价值、产品价值的叠加（见图1-7）。

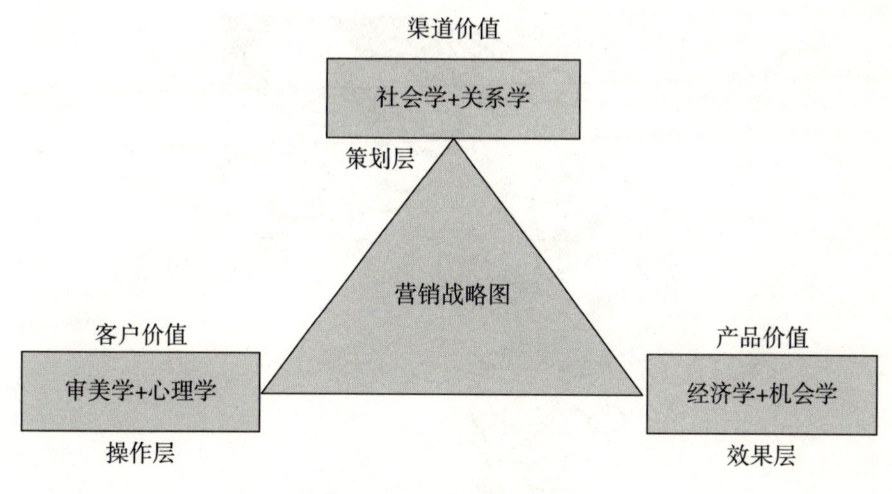

图1-7 营销战略图

1. 社会学+关系学

在老板的眼中，营销的社会学是市场开发的基本指引，可以看做是一本地图手册，帮助老板了解一个未知区域的大致轮廓。例如，如果对一个大型企业进行营销，社会学就是这个企业的组织结构图，但是组织结构图不是老板所掌握的专有信息，只是一种通用信息，这种组织结构图不足以成为老板进行营销的关键信息。社会学的关键是打造信息上下贯通的“天道”，既要能够找到最上层的决策者，又要能够找到最下层的执行者，还要能找到中间的管理者，这才是企业组织架构信息的挖掘和完善。

孙悟空就是社会学中的一个高手，在护送唐僧西天取经的过程中，如果遇到了法力非常高强的妖精，孙悟空靠自身力量无法打败的时候，他就利用自身的社会关系进行借势。首先，充分利用玉皇大帝封他为齐天大圣的这个称号。尽管这是个“虚职”，但是虚能化实，孙悟空利用这个虚职与天上的各路神仙攀交情，做到了上能通天。其次，孙悟空能够做到“虚心向下”，每到一个地方都要与当地的土地爷进行沟通，在沟通中获得最有效的信息，做到了下能入地。可以说，孙悟空护送唐僧西天取经的这一路，是他对社会关系不断利用和加强的一路，是不断的造势和借势，这就是社会学的核心——上下贯通、左右逢源（见图1－8）。

图1－8　通天入地的孙悟空

社会学决定了老板营销的战略高度，处在什么样的社会圈子就决定了老板营销什么样层次的客户。一切的关系来自社会交往，老板要想在营销中做到“上下贯通、左右逢源”，就要不断将自己融入到各种社会圈子中，打造“圈子”的价值。跟什么层次的人接触，决定了老板的营销范围和营销能力，更高层次的交往是一种更高层次的营销能力。可以说，老板与什么样的人交往，就会有什么样的朋友，有什么样的朋友就会做什么样的业务。很多企业家在成功之后，积极去争当人大代表、政协委员，这其实是一种很好的政治营销方式。在这些高层会议上，老板能够与企业界、社会界、政府界的人士进行充分的沟通，他们既是朋友，又是代表，既研究政策，又沟通感情，这是一个天然的营销圈（见图1－9）。还有很多企业家去参加书法协会、高尔

夫球协会、MBA 班、学术团体等社会圈子，他们都是在谋求加入到各种有价值的圈子中去。

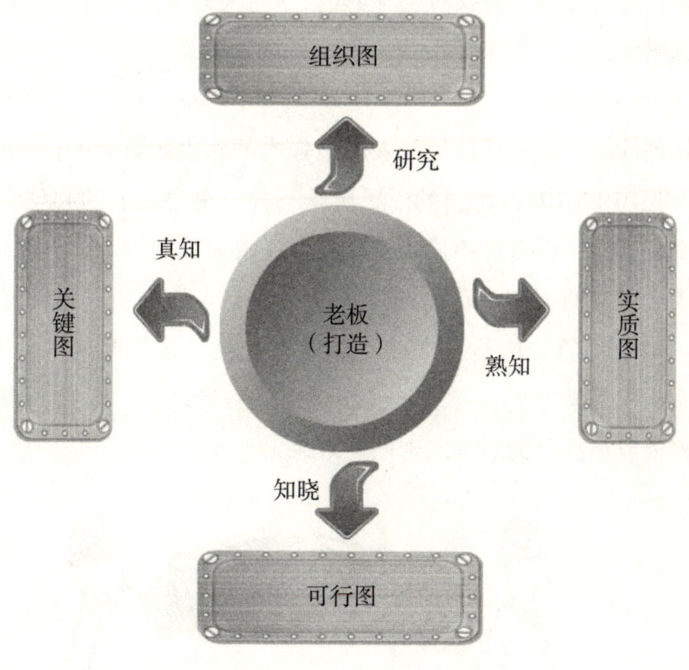

图 1－9　社会学＋关系学

营销的关系学是一种“潜规则”，这是指营销中老板要通过关系来获得专有信息，这也是老板进行营销的密宗。对老板的营销而言，最有价值的不是目标企业的组织架构图，而是内部人事关系图，这就要求老板能够发掘企业的内部信息，具有发展内部关系人的能力，打造获取内部信息的通道。关系学是一种将陌生人变为朋友，将朋友变为知己的能力，是一种对关系资源的充分关联运用。例如，通过同学、老乡、亲属、同一种身份、领导关系等不同角色，老板可以获得一种有效的关系通道，找到营销目标企业的实际决策之人、指导决策之人、影响决策之人，分别施以不同的营销手段。

在西方国家，关系背后有一定的透明度，技术是可衡量的，所以更多的是从技术层面上构建营销模式。而在一个不是很规范的市场环境下，关系价值极为重要，如果关系到位，那么产品的细微差别可以忽略，可以说“有什么样的关系，做什么样的业务。”在我国的现实中，工作关系就是工作的效益，知己的关系就是知己的效益。关系学的核心就是如何从表面关系进入知己关系，打造不可替代的关系价值。所以，老板的营销必须做到"大门要找对、小门要找对、关键人要找对"。当社会学与关系学融合好了，就会产生一种"踏破铁鞋无觅处，得来全不费工夫"的职业感觉。

2. 审美学＋心理学

人既是理性的，也是感性的；人既是强大的，也是脆弱的；人既是天使，也是魔鬼（见图1－10）。营销的深层次是一种审美学之上的心理学，是将对方的理性变成感性，将对方的强大变成脆弱，将对方善的一面充分激发出来，将对方变成最可爱的天使。营销的微观就是人与人的沟通，在沟通中把握住三种价值：通用价值，这是正常成本；稀有价值，这是低成本；专有价值，这是无成本。审美学之上的心理学，就是精确制导之下对人性弱点的精准打击，是一种低成本甚至无成本之上的高效果。

图1－10 天使与魔鬼

审美学的前提是必须要有欣赏别人的心态，每个人的审美标准是不同的，我们要学会用别人喜欢的审美标准与人沟通，赢得沟通空间上的零距离。审美学给我们最大的实战指导就是要能够捕捉别人最可爱之处，更要学会喜爱别人。营销很多时候就是要在三分钟内，甚至是十五秒内捕捉别人的优点，欣赏别人、接纳别人、赞美别人。营销人员最优的心理状态是在别人比你强的时候，去真心欣赏；在别人比你弱的时候，去真诚打动。心理学的核心就

是把握住“人性的弱点”，这就需要首先让对方愉快地接受你。在营销的心理学中，真正打动人心的不一定是巨大的花费，但是一定是审美学之上对心理学的揣摩和把握。

3. 经济学+机会学

营销就是帮助对方算账，确切地说是帮助对方计算投入产出比。经济学就是成本收益分析，这既包括金钱、物质等有形的投入，也包括时间、情感等无形的支出。对于老板而言，必须考虑时间的投入产出比；对于团队而言，必须考虑效率之上的人力成本收益率。

我们的营销效果要以我们能够为对方创造多少价值来判断，子曰：“己欲立而立人，己欲达而达人。”营销就是不断为别人创造价值，通过满足别人来实现自己，最高境界是“利人利己”。营销中以客户为中心，实质就是不断地创造被客户重视的价值，创造被客户重用的价值，创造客户离不开的价值。帮助客户算账有六法：有无法——有这次合作就比没这次合作好；多少法——这次合作中对方赚多赚少；累积法——长期合作比一次合作收益更高；品牌法——跟高端客户合作具有品牌效应；推荐法——客户的推荐要胜过我们的自我赞美；情感法——在长期交往中形成理性之上的情感偏好。

老子曰：“居善地，心善渊，与善仁，言善信，政善治，事善能，动善时。”动善时正是营销中所讲的机会学。在营销中，机会是可遇而不可求的，即使前面的社会学、关系学、心理学、经济学算得再好，到最后没有机会学也是前功尽弃。机会的稍纵即逝的特性可以说是：“人误地一时，地误人一年。”机会一旦错过了，就很难再得到同样的机会，营销要求老板对机会敏感捕捉和全力以赴。

三、营销策略

老板营销是为企业创造价值的最高级别的营销。营销的核心是什么？营销的核心是具有发展关系的能力，尤其是要具有发展高层关系的能力。“皮之不存，毛之焉附”。营销的第一步就是让对方形成对你的认知，没有这个基础，其他无从谈起。那么怎样发展这种关系？一句话，就是创造被别人需要的价值，具有了为别人带来价值的价值，也就具有了别人重视你的价值。营销策略包括四个组成部分，如图 1-11 所示。

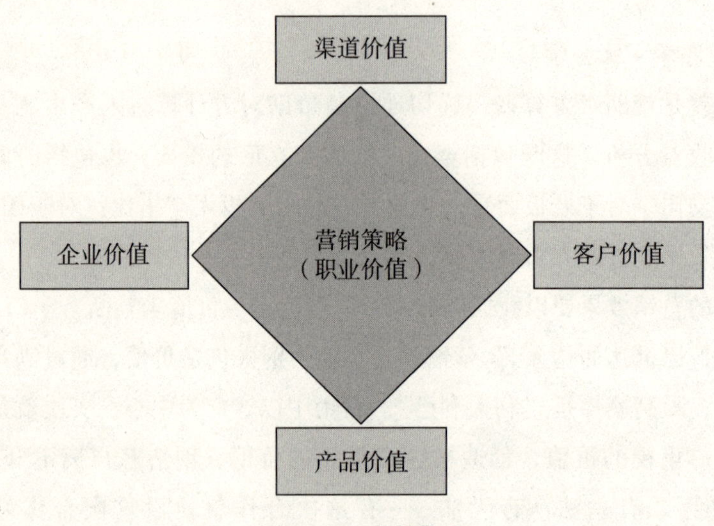

图 1-11　营销策略

1. 渠道价值

什么是渠道价值？在营销中，先建渠道，后引水。渠道的价值，决定引水的输出量。销售是渠道为王，而营销就是打造渠道的最关键手段。在市场经济中，社会资源是有限的、竞争是无限的、方法是无止境的。目前的中国处于大的历史转变时期，在这种历史的变革中时势造英雄，核心规律就是“海阔凭鱼跃，天高任鸟飞”，关键是打造核心竞争优势，创造职业价值。在营销中，一个人的职业价值决定了其渠道价值，因为与什么样层次的人接触决定了做什么层次的业务。

有个故事说到郑板桥有一次去一个茶馆喝茶，老板一开始没有在意他，说了一句“茶”；后来感到这个人器宇不凡，就说“上茶”；知道他是郑板桥之后，就说“上好茶”。郑板桥根据这个故事写了一副对联，“茶、上茶、上好茶；坐、请坐、请上座”，其实营销中也存在这种价值的三个层次：底层，被客户利用的价值，这是茶、坐阶段；中层，被客户重用的价值，这是上茶、请坐阶段；上层，被客户离不开的价值，这是上好茶、请上座阶段。渠道价值可以用三句话来描述：过去的竞争靠店面，今天的竞争靠渠道，未来的竞

争靠路基。

（1）店面的营销模式

在销售发展的初期，店面销售是基本模式，店面的数量和位置是营销的核心。在这一时期，个体经营具有明显的先期优势，依托于广泛的店面分布，我国的个体经济得到迅速发展。但是，随着市场经济的快速发展，传统的“人海战术”受到了极大挑战，尤其是在大的跨国零售企业如沃尔玛、家乐福等全面进入中国之后，传统的店面销售模式受到了巨大冲击，很多小的店铺已经被这些大卖场所完全取代，销售开始进入了渠道模式。

（2）渠道的营销模式

当销售由分散变成集中，渠道的价值逐渐体现出来。以大卖场为例，通过将商品进行集中销售，既给消费者带来了更多的选择机会，也使自己实现了规模效益。如果企业的销售没有渠道只有产品，那么由于产品价格的变化将导致客户“候鸟”似的在企业之间进行购买选择的不断变化。企业只有打造出“产品＋渠道”的竞争模式，对客户进行有密度的关联，才能在渠道建设之上做到业务的四通八达。

（3）路基的营销模式

企业在未来的销售必须是渠道建设之上的流程化操作，谋求的是高效率下的高效果和高效益，这就要求企业打造稳定增长的客户集群，构建给客户带来持久价值的品牌文化，保证高效快捷的业务操作，而这也正是“路基营销”能够给企业带来持久竞争优势的原因所在。路基的质量是道路的根本，只有路基踏实，道路才能越走越稳。客户就是企业营销的路基，只有客户稳定，企业的一切经营行为才能够持续。

2. 客户价值

营销中有三个“二八曲线”：

（1）社会财富的二八定律——80%的财富集中在20%的人手中；

（2）精力的二八定律——80%的时间放在20%的作业面上；

（3）客户价值的二八定律——为20%的客户创造其80%的价值。

在营销策略中，必须注重对客户价值的挖掘和把握，这也要求将有限的营销精力和营销资源放在关键客户的营销上。尽管在目前网络经济下，长尾理论盛行，但是在实战营销中，尤其是在关键人的营销中，"二八定律"是时刻存在的。营销策略中的客户价值，就是指对"二八定律"的充分运用。

营销中客户价值是我们与客户共同创造的，在营销中创造客户就是创造自己的未来，可以成功抵消所有的精神投入与心理疲倦，这可以用一首《春江花月夜》来描述（见图1－12）。

春江潮水连海平，（人与事在道上是相通的）
海上明月共潮生。（寻找与客户的共同点）
滟滟随波千万里，（不断积累与客户的关系）
何处春江无明月。（最终会水到渠成）

图1－12　春江花月夜

3. 产品价值

营销的基础是为客户创造基本的产品价值和服务价值，这要求我们必须做到熟知优势、知晓劣势、规避威胁、把握机会。

在营销中，产品价值既包括产品自身的价值，也包括企业内部的系统效率支撑，营销是资源的综合配置，是基层、中层、高层的配合。在营销中，全能型人才不好培养也不易复制，这就要求利用专业化和团队化来进行营销资源的配置。

4. 企业价值

营销中的企业价值就是一种品牌效应，这种品牌效应在营销中起到了一种推荐的作用，企业在用自身的品牌来为其产品进行推荐。在营销中，我们与客户的融洽程度决定了我们发展的高度；在营销中我们能走多远，关键是我们与谁同行。营销中一定要谋求客户为我们的外部推荐，也要打造企业价值中我们的自我推荐，推荐是最好的信任“名片”和“礼物”。

四、营销模式

在营销中，要根据营销的对象不同选择不同的营销模式，具体来说主要分为三种情况：一对一的 B2B 模式；一对多的 B2C 模式；网点营销模式。其中，B2B 模式和 B2C 模式是市场营销，讲究的是一种模式价值；网点营销模式讲究的是一种情感价值（见图 1-13）。

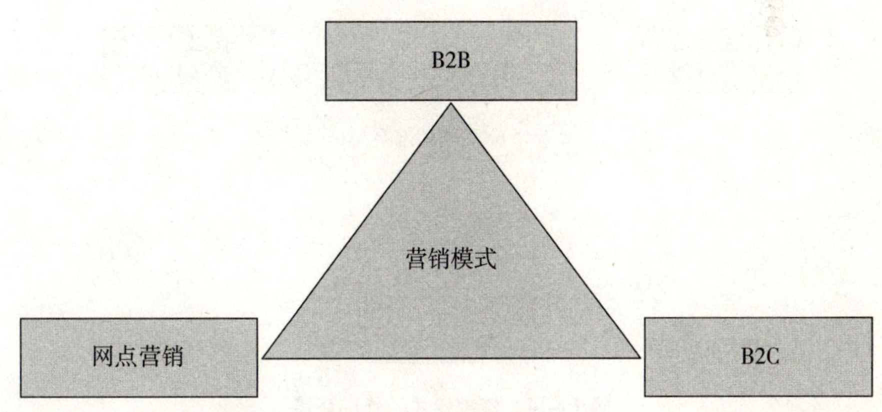

图 1-13 三种营销模式

在 B2B 模式中采取的是“三级联动”模式：老板的顶层设计，这是策划力；高管的管理支撑，这是导演力；员工的高效执行，这是表演力。只有三者同时具备，才能具备满足大客户需求变化的效率和质量。

在 B2C 模式中采取的是“森林法则”模式：通过进入一个营销圈，掌握住最高话语权，获得这个圈的资源，然后进行对外辐射，获得由点带面的营销效率和营销效果。人的实体圈背后有虚体圈，人的无形圈对有形圈进行有效支持。营销圈的打造，关键就是目标区域的选择，只有选择了合适的目标区域，才能进行有效的营销模式构建。

网点营销是无限下的有限性，网点营销模式必须做到亲人服务，真正实现“以客户为尊、为客户筹谋、助客户发展”的职业价值和职业理念。21 世纪是品牌的时代，不是品牌就是杂牌，杂牌就会在竞争中被淘汰。传统的网点建设是硬件的建设，而这种硬件建设只需要投入足够的资金就可以实现，也很容易被竞争对手复制和替代。而在激烈的市场竞争中，必须同时进行“硬件＋软件”的打造：在硬件上，做到以客户的满意为中心，打造客户业务处理的安全性、快捷性、便利性；在软件上，做到以客户的舒适为中心，打造客户对网点文化氛围和经营理念的认同，不断提高客户的品牌体验。

在营销模式中，首先选择合适的社会生态和购买环境，这是大的外部环境，这主要分为三种情况：国家经济主导环境、区域经济主导环境、市场经济主导环境（见图 1－14）。

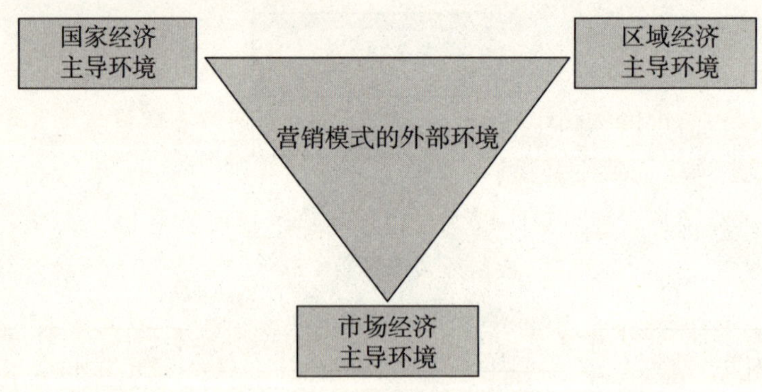

图 1－14　营销模式的外部环境

国家经济是指在全球经济一体化的背景之下，企业所需要考虑的不仅是自身在市场中的经济利益，还需要考虑政府的政治利益、国家的国防利益。营销的大的社会生态是在一国获得全球利益最大化的背景之下，在全球范围

内进行扩张，打造全球范围内的营销渠道，这也是美国的跨国公司分布全球的社会生态基础。

区域经济是指区域地方政府承担着平衡与协调地方经济发展的社会与经济的双重责任，政府已成为一个不可忽视的经济参与者。政府的上线是成为经济发展的最大受益者，为企业发展护航；政府的下线是成为市场经济发展的最大承受者，为市场经济埋单。所以，企业的营销环境必须考虑政府对经济的干预，尤其是在中国，宏观上是政治驱动经济。任何企业经营的上线都是服从国家利益和政府利益，所以这需要企业在符合政策和政治要求下进行经济活动，不能逾越这个界限。

市场经济是最活跃的经济形势，但是市场经济是在国家经济和区域经济下的有限经济。市场经济犹如孙悟空，国家经济和区域经济犹如如来佛，孙悟空的能力再大，最后都要由如来佛来进行掌控。所以，环境对营销的模式起到了根本的制约。

五、营销技巧

营销技巧在营销过程中起着最关键的作用，尤其在客户决策举棋不定的心理临界线上，营销技巧发挥着举足轻重的影响。当我们在战争中依靠空军、海军、炮兵掌握了制空权、制海权、制高权，还要由步兵完成最后一击，这正是营销技巧的价值所在。营销技巧的提升，基础是老板自身的不断修行和精进，正是：“学而致用是真学，知而日行是真知。”

营销讲究的是实战效果，以成败论英雄，营销的文化是“无功就是过”。在营销中有一句话：“你能做什么，你就是什么。”什么叫客户经理？你在这个岗位上作出成绩来你就是客户经理，做不出成绩来，你谁也不是。所以，老板进行营销技巧的提升，要做到以客户的认同作为最高标准，实现“让客户对专长认识、让客户对人品信任、让客户对职业认同、让客户对专业信赖”。

子曰：“不学诗，无以言；不学礼，无以立；不知命，无以为君子。”与客户的交往要求做到“满意之上的惊喜、利人之上的利己、做人之上的做事、理念之上的方法、流程之上的机制驱动”。营销是有层次性的，这可以具体为三个理念、三个层次、三个字。

三个理念是：有人将营销作为荣耀的职业、有人将营销作为开心的职业、有人将营销作为低贱的职业。人是信念的信徒，也是观念的囚徒，有什么样的理念就有什么样的职业表现。

三个层次是：每一种营销技巧都有上、中、下三个层次，例如，聆听就包括“上学以神听，中学以心听，下学以耳听”三个层次。

三个字是：礼、理、利。首先，礼是一种情感思维，是让对方心理上能够愉悦地接受我们，包括微笑、鞠躬等技巧。其次，理是一种理性思维，是让对方理性上能够顺利地接受我们，包括赞美、聆听、推荐等技巧。最后，利是一种情感之上的理性思维，是在为别人创造价值的同时也获得了我们合理的价值，让对方真正接受我们，这包括谈话察言观色、游说等技巧。

营销技巧的关键是找对营销对象、找对营销时机、找对营销内容。找对营销对象是：“中人以上，可以语上也；中人以下，不可以语上也。”找对营销时机是：“言未及之而言，谓之躁；言及之而不言，谓之隐；未见颜色而言，谓之瞽。”找对营销内容是：“可与言而不与之言，失人；不可与言而与之言，失言。知者不失人，亦不失言。”

第二节 了解人的两大属性

人不是单一属性，是自然属性和社会属性的叠加。人的社会层次越高，人的社会属性越高，人的价值更多的是社会属性，但是人的情绪会受到自然属性的影响。自然科学中需要的是理性思维，社会科学中需要的是感性思维和理性思维的综合。人既是理性的，也是感性的；人既是强大的，也是脆弱的。正因为人具有感性和理性，才使人与人的交往到了一定阶段之后，理性之上的情感占据主导地位，使营销具有了产生情感偏好的强大价值。

一、触龙说赵太后

下面以《触龙说赵太后》一文中触龙对赵太后的“情感营销 + 理性营销”为例，对营销中人的两大属性进行形象刻画。

触龙说赵太后①

赵惠文王去世不久，秦昭襄王急忙出兵攻打赵国。赵国独力难拒强秦，所以派遣使臣向齐国求救兵。赵国使臣到了齐国，见到齐湣王说明来意。齐湣王说：“出兵救赵可以，但有个条件，就是要赵威后少子长安君来齐为人质。”

赵国使臣回来之后，把齐国要求长安君为人质的事，对赵太后一说，赵太后听后坚决不肯。为抵御秦兵，必须得到齐国的援助，因此大臣极力劝说

① 资料来源：翻译自《战国策·触龙说赵太后》。

赵太后答应齐国的要求，以长安君为人质去齐国。诤谏许久，赵太后不但不允许，反而生起气来，对左右人等申明：“如果谁再敢说让长安君为人质去齐国，我一定把唾沫唾到他脸上。”（对孩子的感性思维战胜了对国家的理性思维）

赵国公卿大夫，大眼瞪小眼，谁也不敢再劝说。

左师触龙说他要见太后。

赵太后怒气冲冲地等着他，说：“请他进来。”（情感上不舒服）

左师触龙来了，缓慢地走到赵太后面前，坐下之后，喘息了一下说：“老臣腿脚不好，不能快走，好长时间没能见太后了。我常为腿脚不好宽恕自己，可又挂念太后有什么不舒适，所以想来看看太后。”

赵太后听左师触龙说起老年人的脚腿毛病，就说：“老妇每天靠乘辇活动，只好以辇代步了。”左师又问：“太后饮食还好吧？”赵太后说：“天天只喝些粥罢了。”（寻找老年人之间的共同点，做到情感上的融入）

触龙很有同感地接着说：“老臣也是很不想吃东西。因此每天勉强游走，一天走三四里路，这样可以多进些饮食，身体好些。”（赵太后听左师说的都是一些老年人的生活琐事，情感上已经逐步接受）

她接着触龙的话茬儿说：“日行数里，老妇做不到啊！”

触龙就说：“老臣的贱子舒祺，年龄最小，又不成器。老臣日益衰老，十分疼爱他，希望他能当一名黑衣卫士，守卫王宫。老臣冒死罪，恳求太后。”

赵太后说：“行啊，他年纪有多大了？”

触龙说：“十五岁了。虽然年纪还小，老臣愿在填沟壑之前，把他托付给您。”

赵太后说：“男的也爱小儿子吗？”

触龙说：“比妇人还厉害呢！”

赵太后笑着摇摇头说：“还是妇人比男人厉害。”（已经由个人引申到孩子身上，逐步接近正题，但是从对孩子的爱这种感情思维上进行沟通）

一对一答，君臣说得很投机。触龙见是火候了，就单刀直入，说道：“不是吧？老臣以为太后爱女儿燕后，胜过长安君。”

赵太后说：“你错了，我疼爱燕后可比不上疼爱长安君。”（强调对孩子情

感上的爱）

左师触龙话入正题，说："父母爱子女，总是为他们做些长远的打算，记得太后送燕后往燕国时，拉着她在车后哭泣。太后为燕后的远嫁悲伤，哭得伤心至极，当燕后远嫁之后，我看太后并非不思念她，但每当敬神祭祖时，总是祈祷神灵不要让人家把她赶回赵国来！这岂不是为她的长远打算，希望她的子孙世世相承为燕王吗？"（对孩子的爱中理性的一面）

赵太后点着头说："是啊！"

触龙略停顿一下，又提出了新问题："太后想想，自今算起，三代以前，初建赵国时封侯的子孙，现在还有当侯的吗？"

赵太后仔细琢磨后，回答道："没有了！"

触龙又问："其他诸侯国，还有吗？"

赵太后不假思索地说："老妇没听说过。"

于是触龙一本正经地说："近的祸患，落在国君自己身上，远的落在子孙身上。难道国君的子孙没有好结果吗？不是的啊！原因在于他们地位高而没功劳，俸禄多而没有作为！不劳而居高位，不勤而富有。分封时得到肥田沃土，赏赐中给许多贵重宝物，这都是为子孙招祸。太后让长安君居于高位，领有肥沃的封地，却不想让他为国立功。这样下去，那么在太后千秋之后，长安君凭什么在赵国安享尊荣？老臣认为太后为燕后打算得长远，却不为长安君做长远打算，所以才说你爱长安君比不上爱燕后。"（始终谈论的是对孩子的爱，是对孩子的大爱，是对孩子爱中理性的一面，而不是对国家理性的一面，谈论的是感性之上的理性，而不是纯理性）

赵太后是个聪明人，她听了左师触龙的婉言劝告，恍然大悟，心里的疙瘩一下解开了。她笑着说："好，长安君的事那就由你安排吧。"于是触龙命人安排车辆，送长安君作为人质前往齐国。齐国也派兵救赵，齐、赵联合迎击秦军，秦军没能取得胜利。（触龙从游说赵太后对孩子的大爱中，巧妙地关联了国家利益的理性）

在触龙游说赵太后的过程中，自始至终触龙都在讲父母对孩子的爱，由一种目前的爱讲到长久的爱，由一种小爱讲到大爱，这其中既有步步深入的技巧，更有情感对理性的影响。首先是让赵太后产生情感上的愉悦，然后才能获得说话的机会，营销很多时候是情感之上的理性营销，而不是情感与理性的分离。

营销中有先入为主的感觉，是情感之上的理性。营销中容易产生偏好和偏见：情感沟通好了，就会产生偏好之上的马太效应，沟通越来越顺利；情感沟通不好，就会产生偏见之上的马太效应，沟通越来越不畅。营销就是把人的理性思维变成人的感性思维，让对方接受你的时候能够产生感性思维。

营销中从产品价值作为基础，谋求的是"产品价值+情感价值"的叠加最大化，这具体反映在对一个企业的目标营销中是分层次的：对上层，是思想营销，给其提供的是思想；对中层，是职业营销，给其提供的是职业价值帮助；对下层，是物质营销，给其提供的是利益。但是，无论哪一个层面的营销，都要辅以情感营销。

二、营销中的自我修炼

人在不同的思维下具有不同的标准，营销就是要打造对不同层次的人提供其所需要的价值，使得人与人的关系从陌生到熟悉，从不认识到深交。营销的自我修炼就是使我们成为对方事业成功的元素，产生对方所需要的价值，从他人的利益中获取我们的利益，这是我们的做事方法和行为准则。

人是社会人，既有自然属性，也有社会属性，在营销中更高的技巧是长期积累的结果。中国的最大人际关系的特点是"情、理、法"，正如孟子曰："动之以情，晓之以理。"中国人对情非常看重，这与西方人的"法、理、情"的顺序是不同的，所以在中国的营销是"情感+理性"的两条腿走路，既不是纯粹的感性，也不是纯粹的理性。当我们只是停留在自然属性的阶段时，还没有达到职业感觉。社会属性要求每个人必须做到职业行为，社会属性的增强要求人建立职业行为，所以我们必须在营销中不断修炼自己的社会属性，降低自己的自然属性。可以从六方面对如何控制自己自然属性的方式

进行描述：在愤怒时懂得自制、宽容；在喜悦时懂得收敛、抑制；在悲伤时懂得转移、娱乐；在忧愁时懂得释放、自解；在焦虑时懂得分散、消遣；在震惊时懂得镇静、沉着。

要克服自己的这种自然属性，就要不断加强对社会属性的修炼，这可以表现为“礼之上的义、义之上的仁、仁之上的德、德之上的道”：礼是社会行为规范的底线；义是小家，是情感；仁是大家，是小爱；德是国家，是大爱；道是天下，是博爱。

营销是让对方由尽责变为尽力，最后变为尽全力，这就是情感带来的理性。但是，在营销中不能持续依赖别人的同情和恻隐之心，这种情感只是一种理性之前的铺垫，是为了让对方愉悦地接受我们，而不是我们赖以存在的基础。在营销中有一种趋势就是溢价和折价，这是人对外部资源的作用和反作用。人必须要提升自己的核心价值，只有自己的核心价值越高，能量场才越大，才能为客户创造更大的价值。

三、肯德基的情感营销[①]

随着人们对饮食健康的日益关注，洋快餐成为了很多人眼中的“垃圾食品”，但是肯德基进入中国后即获得了中国消费者的青睐，从1987年11月12日肯德基在北京前门设立了在中国的第一家餐厅开始，20余年间肯德基在中国获得了巨大发展，目前其在中国的员工数已经近4万人，每年的赢利可观。细数肯德基在中国的发展，情感营销是其快速发展的关键。

首先，在有孩子的家庭这个顾客群体中，肯德基紧紧抓住了中国人疼爱孩子的这种心理，通过吸引孩子做到了吸引整个家庭消费的效果。肯德基在顾客到店面就餐时，给儿童提供游乐场所、提供卡通玩具，使孩子幼小的心灵对肯德基产生了一种情感上的依赖，这种情感的依赖给肯德基带来了持续的忠实客户。同时，肯德基在外部通过捐款“希望工程”等教育项目来资助特困学生、免费邀请福利院儿童和残疾儿童就餐、捐赠书籍画册、开展寓教

① 资料来源：整理自 http：//www. kfc. com. cn/kfccda/index. aspx。

于乐的肯德基健康流动课堂、与电视台一起举办“小鬼当家”冬令营和夏令营活动，这些活动既突出了肯德基的正面社会形象，也使肯德基受到了孩子和家长们的喜欢。

其次，在青少年这个顾客群体中，肯德基与中国篮球协会共同举办了全国青少年三人篮球冠军挑战赛，赛事始于2004年，每年一次，历经常规赛、市际赛、省际赛、全国总决赛等阶段，前后持续3~4个月时间。这是国内迄今为止，参加人数最多、规模最大、历时最长的青少年三人篮球盛事。2010赛季中，有483个参赛城市，30100余支参赛队伍，167800余名参赛队员。全国的青少年群体在这个赛事中都对肯德基这个品牌留下了很深的印象。

最后，在大学生这个顾客群体中，2002年9月开始，“中国肯德基曙光基金”正式启动，它给有志成材、家境贫困但品学兼优的在校大学生送去帮助，为他们学习、事业、人生道路的起步阶段铺满曙光，8年中资助了19个城市的5380人次高校学子。这些高校学子即将步入社会，他们在最需要资助的时候获得了肯德基的支持，走出学校之后既是肯德基的客户，也是肯德基的宣传员，肯德基的顾客群体在稳步扩大。

通过情感营销，肯德基做到了以迂为直，当所有的顾客在情感上都接受了肯德基之后，肯德基真正实现了路基营销。正如在第一节中所说，客户是企业营销的路基，只有客户稳定，企业的一切经营行为才能够持续。未来的销售必须是渠道建设之上的流程化操作，谋求的是高效率下的高效果和高效益，企业必须要打造稳定增长的客户集群，构建给客户带来持久价值的品牌文化，保证高效快捷的业务操作，这正是“路基营销”能够给企业带来持久竞争优势的原因，也是肯德基在中国获得快速发展的营销秘诀。

第三节　水到渠成

一个人要了解自己，发现自己的长处，并善于运用自己的长处；一个老板，要了解自己的企业和所处的行业，找到最佳的营销模式，做到“水到渠成”。老板需要在这不同的营销模式中采用不同的营销策略，做到不同营销环境下的融会贯通（见图1－15）。

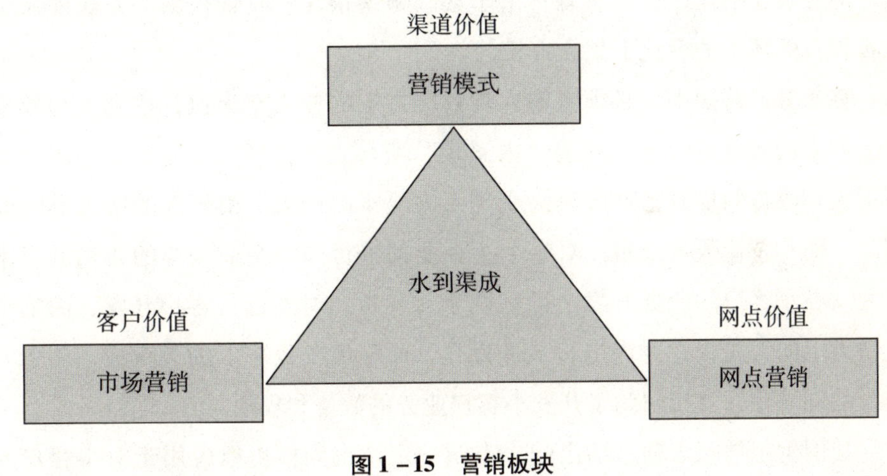

图1－15　营销板块

一、大客户营销

未来的大客户营销中，必须建立起总部、分部、支部联动的新流程，通过总部的高设计能力、分部的高导演能力、支部的高执行能力，打造一个专业、高效、可操作的新流程：在企业内部，上下利益趋向一致，保证内部信息传导速度；在企业外部，持续引领市场变化，保证市场变化反应速度，让同业竞争对手看不懂，做不了，跟不上。在总部“顶层设计”的框架之下，以提升纵向传递速度、优化横向传递效率为宗旨的全程、全员、全范围的系统流程，是总部统驭下的分部、支部高度协同的“叠加论”：信息反应快、渠道传导快、产品设计快、上下贯通快、业务操作快。

二、小客户营销

客户是企业的收入之源，有什么样的客户基础就有什么样的赢利空间。企业要保持持续的高赢利，就必须根据自己的资源来打造一个在各种市场环境变化下都相对牢固的客户集群，然后对这种客户集群实施战略营销。小客户具有共生性的特点，这非常类似于森林中的各种植被。当干旱来临的时候，草原由于根系较浅可能会集体枯萎；当沙尘暴来临的时候，树林由于咬合不紧可能会被连根拔起；只有森林由于其“根系很深、咬合很紧、关联很强”，在各种自然环境的变化下生命力长久。

在小客户营销中，必须考虑人均效率之上的投入产出比，达到人均效率之上的人均效益新跨越，营造“内涵式”增长之新路径。企业要在小客户上取得人均收益的提升，就必然会受到人力成本的约束。由于人的精力和时间有限，而小企业数量众多，对每个小企业都进行同大企业一样的营销的成本巨大。在小客户的业务开发上面临两个天花板：对外进行客户开发，面临个人精力上的天花板；对内进行业务操作，面临流程效率上的天花板，两个天花板的同时存在直接制约了开发小客户业务的数量和规模。

美国生态学家米勒总结出的生态学三定律也同样可以应用于对小客户的开发：第一，我们在营销中对小客户的任何行动都不是孤立的；第二，小客户之间无不与其他事物相互联系和相互交融；第三，小客户群体的产生对周围环境产生影响和改变。在日常的营销中，很多企业对小客户的营销正是采取协会、学校的团体式营销。

全国食品协会的高层营销

作者有一个客户是一家上市公司，主营业务是食品添加剂，这家企业的

营销模式就是借用外部资源实现团体式营销。这个企业和当地的艺术馆达成合作，由企业每年赞助艺术馆一部分资金，换得艺术馆文艺演出队的冠名权，并且每年这个艺术馆文艺演出队都会在人民大会堂进行演出，企业实现了在制高点上的营销。

在全国食品协会的一次年终会议上，企业提出要“赞助”几个文艺节目助助兴，获得了食品协会会长的支持，后来演出大获成功，这些来自全国食品协会的领导对这个企业留下了深刻的印象。以后企业在进入各个省市的时候，都获得了这些食品协会领导的大力推荐，企业顺利地实现了对各个省市食品企业的团体式营销。

三、网点营销

企业营销模式的基础是网点，营销最终持续的落脚点还是人与人的接触。但是，由于物理网点的越来越集中和人力成本的越来越高，网点营销能否实现以点带面的辐射效应，成为网点营销的关键。网点营销不仅需要营销人员个人素质的不断提升，也需要网点设计和营销模式的整体规划，下面以本书作者所在的支行举办的爱心助学活动为例，对构建网点营销的未来发展模式进行分析。

用爱心铸建网点文化与价值

——“善者善行”爱心助学活动

孟子曰：爱人者，人恒爱之；敬人者，人恒敬之。在日常的业务实践中，支行用朴素的语言来践行发展之路，概括为四个字就是“善者善行”。“善者善行”是支行的经营理念，也是支行每位员工的职业追求。自 2009 年以来，支行连续三年举行了“善者善行”爱心助学活动，对当地高校多名品学兼优的贫困大学生进行爱心资助，帮助他们顺利地完成学业并提供实习岗位。省电视台、市电视台等多家新闻媒体连续三年进行跟踪报道，并对支行的这项爱心活动在黄金时段进行新闻播放，支行在本地区金融业中的品牌价值与形象得到提升。

“善者善行”爱心助学活动是支行网点文化建设中的一面旗帜，这项爱心活动不仅是支行员工的一种善举，也是支行开展业务的一种新营销模式。从多年的业务实践来看，“善者善行”这项爱心活动既体现了支行员工的仁爱之心，也为支行带来了更多认同其品牌文化的忠实客户，这正所谓是“已愈为人，已愈有；已愈与人，已愈多”。

1. 打造“善者善行”的新品牌路径

老子曰：“道者同于道，德者同于德。”在激烈的市场竞争中，与银行具有相同价值理念的顾客，将对银行具有更加持久的忠诚和默契。在产品同质化更加严重、竞争更加激烈的未来，消费者选择银行的首要因素将可能是对银行品牌文化与价值理念的认同和信任。例如，一位环境保护主义者是不会认同一家以毁坏热带雨林为代价进行生产的企业，因为他们的核心价值理念冲突。可以说，21 世纪是品牌的时代，不是品牌就是杂牌，杂牌就会在竞争中被淘汰。随着中国人均收入水平的持续提升，中国人也将越来越注重精神文明建设，银行品牌文化的打造这时就显得尤为重要。在这一阶段，品牌文化与价值理念将成为银行打造核心竞争力的关键要素。

“善者善行”的仁爱理念是支行品牌建设的核心。支行位于舜帝耕作的千佛山脚下，仁爱理念在这里具有丰厚的历史底蕴。在这样的文化背景下，支行将“善者善行”作为品牌文化的核心进行传播，这既符合当地居民的心理认同，也符合当今和谐社会的宏观背景。可以说，“善者善行”是一种兼具历史使命感和时代责任感的品牌文化。

2. 构造“路基营销”的新竞争模式

从支行层面来看，零售业务的竞争可以用三句话来描述：过去的竞争靠网点，今天的竞争靠渠道，未来的竞争靠路基。

(1) 传统网点的竞争模式

在零售业务发展的初期，网点的数量是银行之间零售业务竞争的核心。在这一时期，国有银行具有明显的先期优势，依托于其广泛的网点分布，国有银行在零售业务发展初期成为市场的主导者。但是，随着新兴银行的快速崛起，零售业务传统的“人海战术”受到了极大挑战。在银行的各项成本中，人力成本是最大的变动成本，而且有不断增加的趋势。并且，从

目前的情况来看，银行的人力成本具有一定的刚性，一旦人力成本的增速快于效益的增速，人力成本的增加将侵蚀掉业务效益提高带来的部分总利润增长，这就会造成银行资本收益率增速的减缓。作为上市企业，银行要获得股东的持续支持就必须保证股东获得满意的资本收益率，这在客观上要求银行的人力成本不能无限增加，这也使得人均效率的提升成为零售业务的决定因素。

（2）网络渠道的竞争模式

零售业务发展到现在，由于网络的存在和电子网银的普及，国有银行在传统网点上的竞争优势尽管仍然存在，但是已经开始减弱。目前中小银行之间不断进行业务联合，相互之间对部分营销渠道进行共用（如“柜面通”业务已经在济南的多家中小银行之间进行普及），这些因素使得中小银行在传统网点上的劣势得到了一定程度上的弥补。

从目前的竞争环境来看，渠道建设已经成为银行打造零售业务新竞争优势的关键因素。如果一家银行的零售业务没有渠道只有产品，那么由于产品价格的变化将导致客户“候鸟”似的在银行间进行“存款搬家”。银行只有打造出“产品＋渠道”的竞争模式，对客户进行有密度的关联，才能在渠道建设之上做到业务的四通八达。例如，支行目前为零售客户交叉营销信用卡、借贷关联、网上银行、手机银行、短信通知等服务产品，使客户在享受我行各项金融服务便利的同时，增加了转向外行的转换成本，加大了客户对我行产品和渠道的依赖性。

（3）客户路基的竞争模式

在零售业务发展的未来，客户路基的构建将成为竞争的关键。零售业务具有“单笔金额小、客户数量多、产品变化快、效率要求高”等特点，所以银行在未来对零售业务的操作必须是渠道建设之上的流程化操作，谋求的是高效率下的高效果和高效益。“善者善行”爱心活动是我们支行创造客户的一种“路基营销”模式，在这项活动中支行与高校之间进行合作，高校向支行推荐品学兼优的大学生，支行对学子进行资助并提供实习岗位。通过这种合作，支行将零售业务成功地推进到了当地的几所高校，并使高校的老师和学生对我行产生了较强的心理认同。

高校老师是零售业务的优质客户群体，他们的收入稳定并且有较强的理财意识。在校大学生是银行的目标客户群体，即将步入社会的他们，未来将成为社会消费的中坚力量，其在学生时代对银行的这种心理认同感将会伴随其终生。这种终生认可，也正是银行在未来竞争中保持主流银行地位的基石，这正是"得人心者得天下，得人才者得未来"。

3. 创造"大营销"的新业务体系

问渠哪得清如许，为有源头活水来。支行连续三年的爱心活动，已经在济南当地的社会群体和客户中产生了广泛的影响力。支行的一些客户受到爱心行为的启发，纷纷要求加入到这项爱心活动中来，2011 年的爱心活动中就增加了一位新成员——济南大天飓暖通有限公司。该公司是一家具有强烈社会责任感的企业，他们对支行的这种爱心行为产生了极大的心理认同。这家企业主动资助了一名品学兼优的贫困大学生。作为一家支行，要创造一种"大营销"的新业务体系，实现"处处是营销、处处是机会"的营销理念。

涓涓细流汇成大海，点点爱心汇集大爱。"善者善行"的仁爱理念将吸引更多具有爱心和社会责任心的企业加入到这项活动中来，这正所谓是"善者同于善"。爱心在这里的汇集，既是仁爱之心的聚集，也是优质客户的聚集。通过打造这种"善者善行"的文化氛围，支行的客户群体在逐步增大，支行的业务规模在不断增加。可以说，在这项爱心活动中，支行是在把一棵"爱的小树"做成一棵"爱的大树"，把一棵"爱的大树"做成一片"爱的森林"。小树在不断成长，大树在不断延伸，森林在不断扩张，爱的力量得到了不断汇集和延续。

4. 实行"乐捐"爱心管理手段

在支行人员数量保持相对稳定的情况下，管理的效率和效果在一定程度上决定了员工的效率和业绩。在日常工作中发现，一项管理手段必须能够对被管理者起到正向的引导作用，只有这样才能够实现"以管理谋发展、以管理促效率、以管理塑优势"的预期效果。

"善者善行"爱心助学活动开展之后，支行内部采取了"乐捐"的管理模式：对于违反制度规定的行为，根据情节的不同采取不同的"乐捐"金额。

例如，如果有人在日常工作中迟到，迟到者会主动向乐捐箱中捐款5元，这些乐捐款最终将全部用来资助品学兼优的贫困大学生。在“乐捐”的管理模式下，员工不再认为自己是受到了罚款，而是进行了一种善举，其心理情绪得到了很好的调整。并且，2011年支行业务部也将得到的多项部门奖金用于“乐捐”，“乐捐”在支行已经成为员工进行善举的一种行为，已经淡化了其惩罚的色彩。可以说，“乐捐”这种管理模式既对每位员工的行为进行了管理，同时也避免了对员工进行强制惩罚产生负面影响，充分实现了管理的预期效果。爱心恒久远，善行永相传。支行三年来资助的大学生中，已经有两位走到了工作岗位，在困境中他们始终保持昂扬的斗志，他们这种积极的精神也使支行的每位员工深受鼓舞。

在网点的建设中，基本的理念是“为人就是为己”。只有用智慧为客户创造财富，经营才能够长长久久。

四、盛瑞传动“善假于物”的关联大营销①

盛瑞传动股份有限公司成立于2003年1月，主要从事重型柴油发动机的连杆、凸轮轴、等零部件的制造和销售，是国内品种最全的重型柴油发动机零部件生产基地之一。企业拥有国内规模最大、实力最强的重型柴油机连杆生产线，与国内外知名主机厂结成了合作伙伴关系。就是这样一家在传统制造行业拥有很强竞争优势的民营企业，2011年11月8日获得了由中国国家知识产权局和世界知识产权组织联合颁发的第十三届中国专利金奖，2011年12月26日由其自主研发的世界首款前置前驱8挡自动变速器正式投产下线，这意味着8AT（全称：8个前进挡的电控液力自动变速器）迈入小批量生产阶段，我国高端自动挡变速器将不再“受制于人”。

此前，德、日、美等少数几个国家掌握这种目前世界上最前沿的自动变速器技术，并长期对我国实行技术封锁。有数据显示，我国每年购买国外变速器的费用高达200亿元。国外自动变速器在中国已形成绝对垄断，国内企

---

① 资料来源：整理自 http：//www. shengrui. cn/。

业拿钱也买不到6AT（全称：6 个前进挡的电控液力自动变速器）以上的产品。那么对于一家成立于2003 年的民营企业而言，是如何实现这种科技上的巨大突破，并产生巨大市场价值的呢？本书作者认为这要归功于盛瑞传动股份有限公司的关联大营销（见图1－16）。

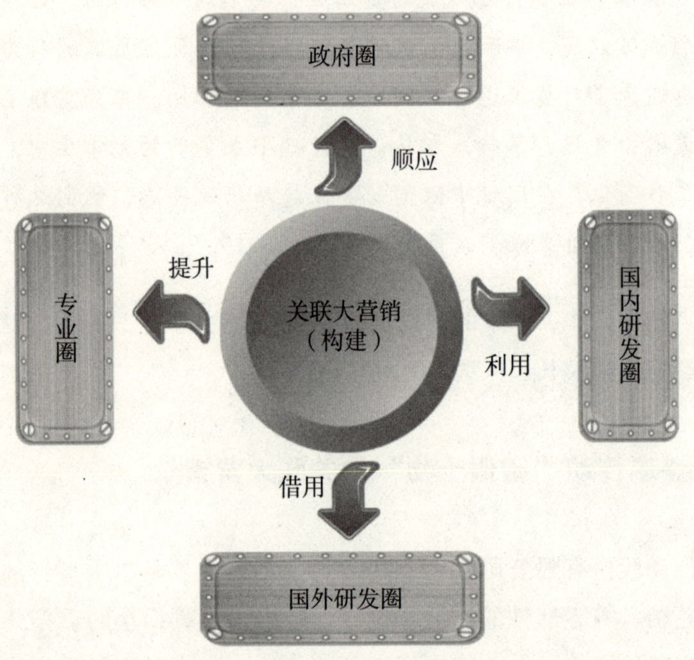

图1－16　盛瑞传动的关联大营销

1. 顺应政府圈

盛瑞传动股份有限公司的发展展现了企业高层在顶层设计下对政府政策的有效顺应。例如，企业所获得的中国专利金奖，是我国在专利领域方面的最高荣誉，是国家对专利的最高认可。这打破了山东省三年未获得专利金奖的局面，更是潍坊历史上第一个本土专利金奖。基于这种专利金奖，企业的“节能环保 8AT 自动变速器关键技术及产业化”项目申报的国家科技支撑计划正式获得科技部批复。项目总投资 2. 67 亿元，其中获批国家科技专项经费 2840 万元。

山东省经信委和山东省人民政府节能办公室联合公布了 100 家“山东省节能环保产业示范企业”名单，盛瑞传动股份有限公司位列其中，入选的企

业将在项目申报、土地、财税、融资等方面获得政策扶持。

2. 利用国内研发圈

作为一家2003年才成立的民营企业，盛瑞传动股份有限公司的快速发展与其和国内、国外科研机构的紧密合作分不开。从2007年开始，盛瑞传动联合北京航空航天大学、德国开姆尼茨工业大学、英国里卡多公司等国内外机构，共同研发了这款拥有完全自主知识产权的高端自动变速器。企业对这个项目的认识，和企业能够与国内外掌握最先进技术的专家进行联系，很大程度上要归功于北京航空航天大学专家的支持和引荐，所以盛瑞传动股份有限公司的发展与其对国内研发圈的利用密不可分。

3. 借用国外研发圈

由于我国长期不掌握拥有完全自主知识产权的高端自动变速器，这使得我国汽车行业的发展严重受制于国外企业。盛瑞传动股份有限公司借用国外的研发实力，实现了从概念设计到样机的生产这一步骤。首先，通过与德国开姆尼茨工业大学的专家合作，获得了8AT的专利技术，并且培养了一批企业的科研人才；其次，通过与英国里卡多公司进行合作，将8AT由图纸变为了样机，实现了从概念到产品的转化、由科研向商业的推进。

4. 提升专业圈

作为一家企业，不但要实现科技上的突破，更要实现效益上的提升，这就需要企业将产品由概念机到小批量生产，再到大批量生产。只有大批量生产之后，企业才能利用规模效益降低成本，实现真正的获利。2011年12月26日，8AT正式投产下线，企业在其传统制造能力基础之上，通过不断提升来实现8AT最终的批量生产，实现科技之花上的人才之果和效益之果。

营销可以说是一门“借天下之财，赚天下之利”的学问，盛瑞传动股份有限公司的这种关联大营销，更是对这门学问的现实阐述。企业的营销，需要在不同阶段、不同环境下采用不同的营销模式，实现“善假于物”的战略预期效果。

第四节　打造你的软实力

营销的核心是为对方创造价值，用通俗的话来说不是对方离不开我们，而是对方离不开我们所创造的价值，有一句诗正是对这种情况的描述：“近而疏者，志不合也；遥闻声而相思者，合于谋待决事也。”营销的关键就是价值，就是创造对方重视我们的价值、创造对方重用我们的价值、创造对方离不开我们的价值。

要为对方创造价值，我们就要打造自身的软实力。个人职业生涯有三种：往上走、往下走、平行。有的人的职业生涯是越老越值钱，最后受到能力和体力限制，而不是年龄。有的人的职业生涯是巅峰过后迅速低谷，并且贬值的速度越来越快。所以，要在营销中打造自身的职业价值，就一定要找到最适合自己的兴趣之上的创造能力，只有这样一个人的职业生涯才能不受年龄的限制，只受体力和精力限制。

一、打造营销的社会圈

社会具有层次性，每个人在实体圈背后有虚体圈，只有达到了那个层次，具有了那个层次的价值，才能形成对话的基础。人的无形圈会对有形圈形成支持，有形圈是对无形圈的反应。一个人的价值决定了进入圈的能力，必须在一面之交之后建立私交，甚至是很深的私交。营销软实力的基础，就是如何融入到更高的社会圈中（见图 1－17）。

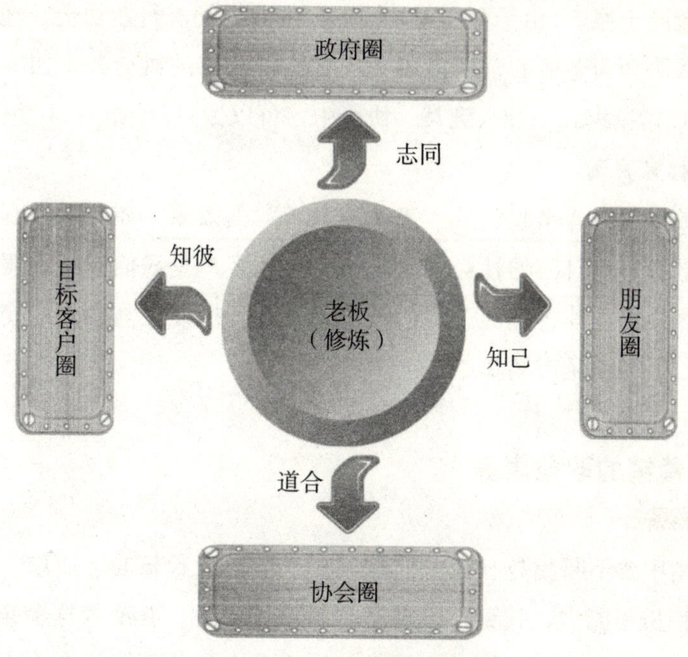

图1－17 营销的社会圈

1. 政府圈

在中国，不懂政治的企业家可以说是半个企业家，中国经济的一个特点是政治驱动经济。与政府打交道，是老板获得政策信息的关键，中国的政策有一个特点是各项任务都有一个时间计划表，计划在某一时间段内完成的目标必须完成，这甚至是一项政治任务。所以，通过与政府圈的交往，老板可以获得很多对未来趋势的把握和机会。

2. 朋友圈

中国人讲究的是情感之上的理性，是“情、理、法”，所以这种感情在营销中起到了很好的引荐作用。例如，同乡、同学、同事都是朋友圈的基础，这些朋友圈有一个共同的特点就是水涨船高，尤其是同学圈。在一起上学的时候结下的友情，很可能将会伴随终生，并且形成大家共同发展中的互相支持，这种朋友圈的利用也是营销中很好的机会切入点。

3. 协会圈

目前我国的各种协会正在纷纷成立，正如《道德经》中所讲的“道者同于道，德者同于德。”由于存在着共同点，企业之间有行业协会，地区之间有商会，这些协会为老板的营销提供了一种集群营销的机会，正如本章第一节中说的 B2C 营销模式。加入到某一协会中，可以做到营销的事半功倍。

4. 目标客户圈

客户的推荐对营销起到了“99 + 1 = 100”的效果，如何融入到目标客户圈中，是老板打造自己的社会圈的重要一步。客户是我们产品和服务的直接使用者，客户的推荐将远胜于我们的自我表述，所以在与客户的交往中诚信就是人品，人品就是市场卖点。

二、营销的职业素养

在营销中要不断超越自我，这是职业人生的成长核心。所以，要开发个人的核心特长与能力，找到自己最适合扮演的角色，并演好这个角色。一个人的优势必然伴随着他的缺点，如果一味地求全责备可能会在改正缺点的同时失去优点，这就要求一个人必须不断提升自己的优势，尽量规避自己缺点。同时，在用人的时候也要做到看到别人的“长中之短、短中之长”，做到扬长避短。

在营销中，职业素养为本、营销技巧为用，职业素养为纲、营销技巧为体。营销技巧中有三句话：“有形的技巧，无形的心理，不变的规则。”技巧的应用要符合规则和心理。对老板来说，营销是打造“产品 + 个人”的双重价值轨道，是“硬实力圈 + 软实力圈”的双重打造。营销的 4 个谈话技巧就是“善于创造谈话气氛；善于创造谈话的话题；善于创造谈话的深度、高度与精度；善于创造引人入境的感受”。营销技巧的核心是创造对方对自己的同理心，产生相见恨晚的归属感，做到内外的左右逢源。

职业素养就是要做到“心静智高、心和智博、心慈智深”，实现“高者俯瞰世界；仁者包容万物；深者耳顺人生；爱者笑看天下”。自信是营销的基础，自信能够创造出一种气质、气场、气魄。要完整地创造营销的价值，就要学会“掌握专有资源、控制稀有资源、善用通用资源”。其中，赞美和微笑是一种无成本、高产出的投入。

恩师也未能抗拒赞美①

清末，有个京城的官吏，要调到外地上任。临行前，他去跟恩师辞别，恩师对他说："外地不比京城，在那儿做官很不容易，你应该谨慎行事。"官吏说："没关系，现在人都喜欢听好话，我呀，准备了100顶高帽子，见人就送他一顶，不至于有什么麻烦。"

恩师一听这话，很生气，说道："我反复告诉你，做人要正直，对人也该如此，你怎么能这样。"

官吏说："恩师息怒，我这也是没有办法的办法，要知道天底下像您这样不喜欢戴高帽的能有几位？"

官吏的话刚说完，恩师就得意地点头："你说的倒也是。"

从恩师家出来，官吏对他的朋友说："我准备了100顶高帽，现在仅剩了99顶了。"

营销技巧的修炼必须以职业素养的打造作为前提，很多人并非不知道营销技巧，而是他的职业素养使他无法发挥出营销技巧的实战效果。例如，同样是碰到一个漂亮的客户，如果职业素养足够高，就会很真诚的去赞美客户，这种真诚可以通过语气、神态体现出来，使对方感受到这种真诚。但是，如果职业素养的修炼不够，将会用一种使对方感到很别扭的"赞美"去称赞对方，最后适得其反。所以，营销的前提就是必须要有欣赏别人的心态，要学会用别人喜欢的审美标准与人沟通，赢得沟通空间上的零距离，做到欣赏别人、接纳别人、赞美别人。营销最优的心理状态是在别人比你强的时候，去真心欣赏；在别人比你弱的时候，去真诚打动。

三、营销的时间管理

营销要由有效发展到高效，进而产生极限效应，必须要有正确价值观作为基础。志向是一个人的发动机，也是一个人能力的基因。少吃苦能赚钱，

---

① 资料来源：整理自《一笑》，［清］俞樾著。

这种价值观将偏离一个人的职业价值，正如追求在社会上的漂移将使一个人丧失自己最重要的职业价值一样。职业能力来源于我们的时间管理，我们对待时间的态度决定了我们的职业能力，正如诗中所写：

冬夜读书示子聿

陆游

古人学问无遗力，少壮工夫老始成。
纸上得来终觉浅，绝知此事要躬行。

有一个故事也对这种时间管理的不同态度进行了描述，人最终还是自己思想的产物。

什么叫有效率的工作①

曾经有一位新来的员工，他是一个很优秀、很有效率的人，但他对公司一些部门总是要加班很不理解。

有一天，他对老板说有一个问题要向老板请教，他说：“您觉得没有效率地工作12小时好呢？还是很有效率地工作8小时比较好呢？”

老板当然知道他不是真的要请教，微笑地注视着他说：“你既然知道有效率地工作8小时，为什么不有效率地工作12小时呢？如果做得到，那你不是可以远远超过别人吗？”

四、营销的职业素质

营销的职业素质中最重要一条是完全、彻底地跟进，这也可以被形容为是一种“蚂蟥精神”。只有具备营销的意愿，营销的素质才能逐步体现，这包括：为争取客户作战的意愿、市场知识、产品知识、产品与客户需求的匹配、产品线知识、外交礼仪、经常与客户保持电话联系等。营销技巧只能谋一时，但是营销理念是谋一世，技巧在营销中起到关键作用，但不是决定作用。这

① 资料来源：整理自 http：//blog. china. alibaba. com/blog/haibinshangwu. htm。

正如一个人的成长历程：小孩时代是无形到有形、学生时代是有形到有形、企业舞台是有形到无形、社会舞台是无形到有形。

职业检验的基础是人品，人品就是客户关系，客户的成功就是我们的成功。营销是“皮之不存，毛之焉存”，没有客户关系，就不可能有后续合作。营销是一场实验，这场实验的核心是产品，产品不过关，就不存在继续合作的基础，正所谓“客户关系是基础，产品关系是载体。”营销既要有过程，也要有结果。既能够带来快乐，也能够具有效果。用一句话来形容就是：商海无涯乐做舟，营销有路悟为径。

营销的过程是一个不断精进的过程，在这个过程中随着知识、阅历、经验的积累，成功者变得越来越谦虚，最后就像成熟的谷子一样，弯下自己的腰，事业的高度却越来越高。营销就是不断创造别人支持你的环境和条件，做到“人尽其才、物尽其用”：你有什么样的实力，别人就给你提供什么样的条件；你有什么样的胸怀，别人就给你创造什么样的支持。

第二章

学礼，才能立足社会：形象 + 魅力

子曰："君子食无求饱，居无求安，敏于事而慎于言，就有道而正焉，可谓好学也已。"

——《论语·学而》

价值观每时每刻都在左右、影响我们的行为模式，一个人的核心价值观是他一生职业成长的上限。天下万物生于有，有生于无，是无形的思想在控制有形的职业行为。人在职业岗位上有三种感觉：一种是疲于应对、力不从心、朝不保夕；一种是能够应对部分问题；一种是在岗位上举重若轻、乐此不疲。营销就是通过不断的修炼来提升自己，在岗位上做到另辟蹊径和出类拔萃。

市场经济中，能做什么就是什么，是通过做事来定义做人。在市场经济中，岗位上的人和岗位上需要的人不一定是一致的。在岗位上做出成绩来就是职业人，做不出成绩来谁也不是。

只要我们不断感动客户，不断为客户创造惊喜，我们在客户中的分量就会不断增强，这就造就了我们与客户利益趋向一致，客户也为我们筹谋，这就是贵人相助。但是，在营销中，我们也一定要做到"淡泊明志"，只有这样才能"宁静致远"。

第一节　创造与顶层圈的交往机会

社会中，在马太效应的影响下"强者越强，弱者越弱"。一个人的核心价值越高，其能量场越大，其所掌握的社会资源越多。营销中，自上而下营销是事半功倍，自下而上营销是事倍功半。所以，在营销中一定要不断创造与顶层圈的交往机会，做到自上而下的事半功倍。要获得顶层圈的认同，必须打造一种未雨绸缪的能力，做到"想对方之未想、思对方之未思、谋对方之未谋"。

一、思想营销

在顶层圈的营销中，如何与顶层圈做到思想上的一致，这是最为关键的一步，韩非子正是通过写书获得了战国时期最顶层人士——秦王嬴政的认可。韩非子与李斯都是荀子的学生，韩非子因为口吃而不擅言语，但文章出众，连李斯也自叹不如。韩非子目睹战国后期的韩国积贫积弱，多次上书韩王，希望改变当时韩国治国不务法制、养非所用、用非所养的情况，但其主张始终得不到韩王的采纳，韩非子认为这是"廉直不容于邪枉之臣"。他退而著书，写出了《孤愤》《五蠹》《内外储》《说林》《说难》等著作，后来韩非子被韩王派遣出使秦国，文采斐然的韩非子为秦王嬴政所赏识而备受重用，创造了发展自己的新平台。

在日常的营销中，为了与老板进行沟通，也可以进行思想营销。有位客户经理就写了一本读者群为老板的战略书籍，意在创造与老板沟通的机会。这本战略书籍出版之后，客户经理创造了七重关联价值营销：①书商发行书籍，创造了书籍的商业价值；②提升了作者自身的商业价值；③作者在书中提到了他的客户，广泛地提高了客户价值；④提升了作者与老板的沟通机会，找到了共同的话题；⑤这本书是以大学客座教授的名义出版的，提升了学校的学术价值，创造了与学校沟通的机会；⑥书中包含作者的书法作品，提高了作者书法的品质，创造了作者与书法协会继续交流的机会；⑦在与高端人士的交往中，书籍起到了名片的价值作用。通过这种关联价值营销，作者在出版社、客户、老板、学校、协会、高端人士中打造了一个关联价值圈，实现了顶层的思想营销。

二、文化营销

《素书》云："道者，人之所蹈，使万物不知其所由。德者，人之所得，使万物各得其所欲。仁者，人之所亲，有慈慧恻隐之心，以遂其生存。义者，人之所宜，赏善罚恶，以立功立事。礼者，人之所履，夙兴夜寐，以成人伦之序。"要创造与顶层圈的交往，就要做到"道者同于道，德者同于德"。

作者有位兄长兼朋友，其文学造诣很深，在下雪的冬天送给作者一首小诗，让作者备受感动，这虽然在主观上不是一种营销，但是在客观上起到了文化营销的绝佳效果。经本诗的作者同意，现将诗的内容援引如下（见图2-1）。

济南新年雪赠行长

邹一夫

舜岸莽原，银辙玉碾。
雪落黄河，铁骑离弦。
明湖阔野，寒风猎猎。
泉城冬色，丝柳姗姗。
碧荷灯舞，千氅路漫，
银花争放佛山翩皓杯传。
更流连，无尘雪情好，
入泉无声，家乡盈春，生活日甜！

图 2－1　雪景图

三、宴会营销

中国人非常注重在宴会中的交往，在中国的北方更是有一种酒文化。但是，在喝酒的同时更要注重从情感层面、精神层面进行心理打动，只有这样才能获得预期的沟通效果。我们在每年的中秋节都会邀请我们最重要的贵宾客户前来聚会，在聚会开始的时候进行欢迎致辞，通过致辞表达我们对客户的感激和祝福，表达我们的感动和祝愿。下面就是我们在某个中秋节聚会上的欢迎词。

中秋佳节致辞

尊敬的领导、贵宾、女士们、先生们、朋友们：

大家好！

难忘今宵，我们共同欢聚在舜耕山庄、舜耕花园、舜耕广场，祝在座的朋友：心顺，事顺，处处顺；天顺，地顺，日日顺；

工作顺，生活顺，事业顺；一切顺利，风调雨顺，全都顺！

顺是不可阻挡的，因为有大舜帝的支持和关爱。这里是大舜帝劳作的圣地——舜耕山庄，祝愿我们的每一个朋友都成为大舜帝的朋友和伙伴。

今晚是个非常喜庆的日子，我们相聚一起赏月。赏月给我们最大的启示是什么：月满则亏。"谦受益，满招损。"这就是财务报表中损益表的由来。

我们要不断创新，追求未来，就是"不断地否定昨天，科学地安排今天，勇敢地创新明天"。我们要奉行"一步到位，步步到位"的赛马精神，不断地把这个损益表中赢利数字画得越来越大，越来越圆。在座的朋友们：赏月中我们感受到"亲人服务"这一行业商标的内在魅力。

什么是亲人服务：有一首歌是《十五的月亮》，歌中唱道："军功章有你的一半，也有我的一半。"这两个一半合起来就是一个圆，就是一个十五的月亮。

什么是赢得亲人的心：有一首歌是《月亮代表我的心》。轻轻道一声：亲人，您好！热情的亲人服务，已经打动客户的心。赢得国内外巨大的生存空

间，让月亮照亮国内外市场，展现巨大的魅力。

什么是与亲人同行：有一首歌是《月亮走，我也走》。永远跟着月亮走，千里、万里共婵娟。正像广告语中讲的“他在潮流在，他动趋势动”；月亮在我们在，月亮动我们动。

让我们共同赏明月，让月亮照亮我们的心，跟着市场走，随着市场行。

现在我们一起祝愿：让八月十五的月亮照亮你，照亮他，照亮每一位朋友的心，让八月十五的月亮更圆，人更美，亲人更开心。

谢谢大家，感谢亲人！

四、政府营销

在创造与顶层圈的交往机会中，关键是要不断为对方创造价值，这就需要打造“关系循环需求”的价值链：上学的关系，看病的关系，旅游的关系，爱好的关系。有时候我们帮助对方并不是直接让对方回馈我们，而是让对方来帮助我们希望他帮助的人，这就是营销中的以迂为直，也是与顶层圈交往的最大价值所在。顶层圈掌握着最核心的资源，他们所能帮助的人也最多，所以营销顶层人士并非只是营销单个人，而是产生一个关联的辐射效应。

在中国，政府掌握着最重要的资源，这不仅是权力，也产生一种推荐制。例如，我们在对某个地区的企业进行营销时，我们会首先借助当地的金融办，通过金融办进入当地的政府圈。借助政府的推荐，实现对当地企业五十强的批量营销，并且借助政府实现占领营销的制高点——获得老板的认可。通过这种对政府资源的借用，获得关联效应下的顶层营销，成功进入到客户的顶层圈中。

4.2 亿元长期贷款资金的营销

2003 年我国整个经济形势严峻，国家为了通过支持汽车行业来带动经济，对某个主机厂提供了 4.2 亿元的长期贷款。

由于此笔贷款是由国家财政部提供的，按照流程来说必须得由国家财政部划拨到省财政厅，由省财政厅划拨到市财政局，市财政局划拨到市商业银行，市商业银行再将资金转到主机厂的主办行。这其中还需要省级人民银行分行和市级人民银行支行作为资金的主管单位进行支持和配合。由于必须要在规定的时间内将这笔贷款划到主机厂的主办行，这就需要同时涉及众多的单位：政府部门有三级，监管部门有两级，银行有两家，所以在当时很多人都认为这是一件不可能完成的事情，纷纷劝这家银行放弃这次营销。

有志者，事竟成。为了实现对这笔资金的营销，这家银行支行与各级单位的相关人员进行了沟通，当然这需要真实关系的营销利用。这时候，支行领导之前与顶层圈的交往在此时就发挥了非常重大的价值：在银行方面，两家商业银行的信贷部老总、计财部老总都进行了支持，这为资金的最后划转提供了通道；省级人民银行分行和市级人民银行支行的处长和副处长作为以前的老朋友，在政策的范围内也进行了关心；省财政厅的主管领导进行了支持，但是在分管领导层面进行了多回合的业务沟通，在市财政局的相关部门中也是进行了多回合的汇报和批准。尽管在这个过程中遭遇了极大的困难，但是主办行对这笔业务一直在争取，经过所有人的努力，在最后一天下班之前的五分钟，这笔4.2亿元的资金终于划到了主办行，并最终形成了18个月的无息存款。

并且，这笔业务的发生时间正处于我国的"非典"时期，当时要进入各家单位进行沟通，都需要付出极大的沟通成本，所以这笔业务的最终成功极大地振奋了支行的每位员工，支行最终创造了成功的机会，创造了制胜的条件。这次营销中，与顶层圈人士在业务之前的交往，都为这次突如其来的业务机会创造了成功的条件，只有进入高端层面，才能获得关键时候的关键支持，这才是营销顶层圈的重要意义所在。

五、子贡的国君营销

在营销中要打造一个人品，实现两幅蓝图：一个人品是指经营人脉关系；两幅蓝图是指"借天下之财，赚天下之利"。战国时期孔子的弟子子贡

就是一位拥有“学者+官员+商人”三重身份的大家，也是一位具有战略营销思维的高手，正如司马迁在《史记》中写道：“故子贡一出，存鲁，乱齐，破吴，强晋而霸越。子贡一使，使势相破，十年之中，五国各有变。”

子贡的战略营销①

公元前484年，齐国宰相田常由于国内的权力争斗，征调了几家敌对世卿的军队来讨伐鲁国。寄居在卫国的孔子召集自己的学生，向他们说道：“鲁国是我的故土，是养育我的父母，现在鲁国的情势如此危急，你们有什么办法吗？”首先站出来的是以勇武闻名的子路，然后是以贤能著称的子张、子石，我们不知道这三位弟子提出了什么办法来解决鲁国的危机，总之孔子最终拒绝了他们的提议，而是派遣子贡去设法拯救自己的祖国。

子贡姓端木，名赐，籍国人，当时36岁。子贡的口才极为出众，史载其“利口巧辞”，这一点让孔子非常反感。有一次孔子问他：“你和颜回比较起来，谁比较优秀呢？”子贡机智地回答道：“我怎么敢奢望超过颜回？颜回闻一知十，我也就是闻一知二吧！”然而紧要关头，他的辩才终于为孔子所倚重。

子贡解救鲁国之危的方式是以迂为直的顶层战略营销，首先是营销齐国的田常，其次是营销吴王夫差，再次营销越王勾践，最后营销晋国，做到了“乱齐，破吴，霸越，强晋，存鲁”。通过削弱鲁国周围国家的实力，起到了长久保存鲁国的战略预期效果。

1. 乱齐

子贡前往齐国拜见宰相田常，发表了一番颠覆常识的议论：“您讨伐鲁国实在是一个不明智的举动。鲁国是一个难于征讨的国家，它的城市防御薄弱，它的国土狭窄不堪，它的君主愚昧不仁，大臣们虚伪而没有能力，它的人民不喜欢战斗，因此您不应该选择与鲁国开战。”后继续说道：“您不如讨伐吴

① 资料来源：整理自 http://baike.baidu.com/view/80927.htm。

国，吴国防御严密，国土广阔，兵卒善于作战，兵器精良，又有优秀的人才主持，讨伐他们很容易的。”

田常责问道：“你认为困难的对于别人来说是容易；你认为容易的对于别人来说很困难。你为什么这样对我说呢？”

子贡答道：“在下曾听说，忧患在内的应该去攻击强国，忧患在外的则应该去攻打弱国。据我所知，您还没能把持齐国的朝政，且政敌很多。如果您灭亡鲁国来增加齐国的领土，那么最终收益的还是齐国的君主和派兵作战的世卿。您的君主和政敌得到好处，对您就是损害。且君主必定因为您的功绩而猜忌，您的政敌也会恶意中伤，那么您就难以在齐国立足了吧？所以不如去讨伐吴国。与吴国作战多半会失败，政敌掌握的人口将大量损失，世卿家族也会阵亡许多子弟。这样就剪除了政敌的势力，如此一来君主能依靠的人就只有您了。”

田常道：“确实是好主意！不过我已经对鲁国开战了，如今撤兵讨伐吴国，其他大臣一定会怀疑我的动机，这要怎么办才好呢？”

子贡答道：“您暂且按兵不动，在下随即去游说吴王，让他为救鲁国而攻打齐国，到时您带兵迎战就可以了。”

艾陵之战后，齐简公与其他世卿设计诛杀田常不成，反被田氏消灭。杀死简公后，田常拥立简公的弟弟姜骜为国君，田氏一时权倾朝野。

2. 破吴

得到田常支持的子贡立刻奔赴吴国，子贡为吴王夫差针对齐国的军事行动找到一个冠冕堂皇的借口，因为吴国君臣北伐的计划早已有之。但是吴国重臣伍子胥觉察到越国正在日渐恢复，这将威胁到吴国的安全。于是他进言先行消灭越国，而不要征讨齐国。子贡告诉吴王说他可以化解越国的威胁。

3. 霸越

子贡对勾践说：“我是来劝说吴国讨伐齐国的，吴王虽然很想这样，却担心越国的威胁，答复道‘等我讨伐越国后，一定会做的’。如果这样的话越国就必定要灭亡了。假如您不想报仇，而吴国的君臣却怀疑您，那么您的表现实在太笨拙了。假如您想报仇，却给对方知道了，那么您实在太不

小心了。如果您已经做好了准备，却让吴国先得到风声，那么您的处境就很危险了。”

勾践问道：“孤曾因为大意受辱吴国。对夫差的痛恨深入骨髓，恨不得能与吴王同时死去，这就是我的真正想法！请问先生，我要怎么办才好?”

子贡答道：“吴王为人暴虐，大臣多数浅薄，国家凋敝却经常作战，士卒难以忍受，百姓怨恨君主，大臣争权夺势，这是将要灭亡的征兆。如今陛下不如设法促使吴国北伐。如果伐齐失败，那么正是陛下的幸事；如果北伐成功，吴国必定与晋国发生冲突。如此一来，吴国的兵力将尽为齐国、晋国拖住。这样陛下的机会就来了。”

按照子贡的计划，越国的大夫文种向吴王做了一番恭顺的表示。在重礼的贿赂下，越王得到太宰嚭等吴国权臣的完全信任，相信越国毫无异心。后来，越国突袭了吴国的都城，俘获太子友，最后终灭吴。

4. 强晋

离开吴国后，子贡直奔晋国，向晋国的君臣告警。吴国在艾陵之战中的胜利让吴王夫差争霸列国的野心膨胀起来。而后四年间，吴国起倾国之兵与齐国、晋国交战，晋国由于早有准备，在战争中不断强大自己。

5. 存鲁

公元前484年，周敬王三十六年，风尘仆仆的子贡从晋国来到鲁国。他连续几个月的活动终于产生效果，一切都在按计划进行着，司马迁赞誉道：“故子贡一出，存鲁，乱齐，破吴，强晋而霸越。子贡一使，使势相破，十年之中，五国各有变。”

第二节　志立则智达

孔子曰：“不知命，无以为君子。”人与人差异最大的地方就是志向，命就是志向。营销的三大特点是挑战性、开拓性、创造性，这就要求营销人员必须具备一波三折、好事多磨、化险为夷的心理素质和职业素养，借用《墨子》中的一句话“志不强者智不达”。反过来说，志强者智达。志，就是价值观、梦想，价值观可以直接推动能力提升。天才的表现来自卧薪尝胆地承受，人如果没有梦想、没有付出、没有承受，那将很难有过人的表现。

老板在营销中必须打造“四商”——高志商、高逆商、高智商、高情商。这“四商”反映了人性的四个方面：高志商——志强智达；高逆商——厚德载物；高智商——智慧未来；高情商——左右逢源（见图2－2）。

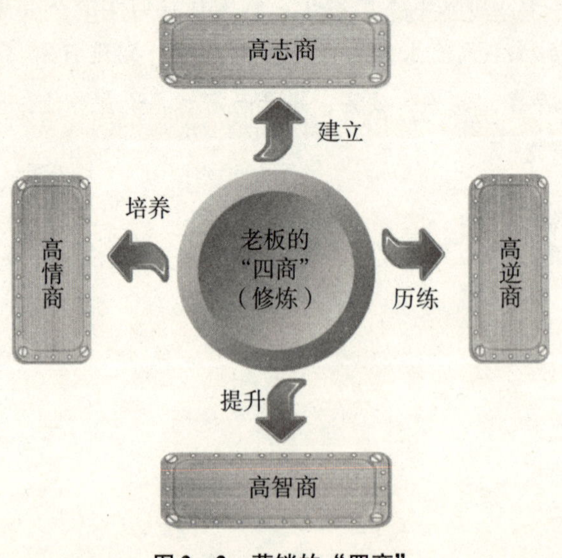

图2－2　营销的“四商”

唐朝的韩愈有一副治学名联："书山有路勤为径，学海无涯苦作舟。"在营销中，这句话就要改造成为："营销有路悟为径，市场无涯乐作舟。"苦变成乐，情也，这就是一种高情商，也符合孔子的："学而时习之，不亦说乎？有朋自远方来，不亦乐乎？"勤变成悟，智也，这既是一种高智商，也是一种高志商，符合"自然为师、社会为师、悟高为师"的"悟道"。

《鬼谷子》："养志者，心气之思不达也。有所欲，志存而思之。志者，欲之使也。"很多人在工作中有压力但是缺乏动力，没有对工作的"信仰"。营销需要创造梦想、打造逆商、提升价值观、挑战压力、创造快乐，这就是孟子所说的："天将降大任于斯人也，必先苦其心志，劳其筋骨，饿其体肤，空乏其身，行拂乱其所为，所以动心忍性，增益其所不能。"这也正是老子所讲的："益之而损，损之而益。"

一、创造梦想

人各有志，志不立，无以立，事难成。创造历史的人，首先是一些有大志向的人。在秦朝末期，创造历史的三个人——陈胜、项羽、刘邦对自己的命运有着类似的描述：陈胜"燕雀安之鸿鹄之志哉"；项羽"吾将取而代之"；刘邦"大丈夫当如此"。在战争年代，毛泽东在《沁园春·雪》中也写道："数风流人物，还看今朝。"志向就是人前进的内在动力，也是最难以培养的一种能力。

1. 卡耐基的座右铭

在卡耐基的办公桌上摆了一块牌子，他家的镜子上也吊了同样一块牌子。并且，五星上将麦克阿瑟将军在南太平洋指挥盟军作战时，其办公室墙上也挂了同一块牌子，上面都写着同样的座右铭：

你有信仰就年轻，

疑惑就年老；

有自信就年轻，

畏惧就年老；

有希望就年轻，

绝望就年老；

岁月使你的皮肤起皱，

但是失去了热忱，

就损伤了灵魂。

2. 山德士上校的敬业精神①

肯德基创始人哈兰·山德士的一生是传奇的一生，他年轻时做过各行各业的工作，包括铁路消防员、养路工人、保险商、轮胎售货员及加油站经营者等，最后才在餐饮业上找到了自己事业上的最终归宿。他创立肯德基的时候，已经是一位66岁的退休老人，但是他感觉自己还很年轻，不需要靠社会福利金过日子。于是，他开着自己的福特老车，载着他的11种香料配方及他的得力助手——压力锅开始上路。他到印第安纳州、俄亥俄州及肯塔基州各地的餐厅，将炸鸡的配方及方法出售给有兴趣的餐厅。1955年，肯德基有限公司正式成立，与此同时山德士上校本人的形象也成为肯德基全球性的象征。

山德士上校的年龄及财富并没有影响到他对工作的热诚，他每年都会旅行250000英里视察肯德基在全球的餐厅，他孜孜不倦地经营他的事业。当人们问他为什么还那样勤奋工作时，山德士上校回答说：“人们因闲散而生锈者比精疲力竭者多，如果我因闲散而生锈，我会下地狱。”这样一位对事业执著追求的人一直工作到辞世，享年90岁。

3. 哈佛大学的调查

目标就是志向，有什么样的志向就会导致什么样的人生。哈佛大学对一群智力、学历、环境等条件差不多的年轻人进行了调查，结果是27%的人没有目标，60%的人目标模糊，10%的人有清晰但比较短期的目标，3%的人有清晰且长期的目标。25年的持续跟踪研究结果如下。

3%的长期目标者，25年来几乎都不曾更改过他们的人生目标。25年来

① 资料来源：整理自 http：//baike. baidu. com/view/80927. htm。

他们都朝着同一方向不懈地努力，25 年后，他们几乎都成了社会各界的顶尖成功人士，他们中不乏白手创业者、行业领袖、社会精英。

10% 的短期目标者，大都生活在社会的中上层。他们的共同特点是，那些短期目标不断被达成，生活状态稳步上升，成为各行各业的不可缺的专业人士。如医生、律师、工程师、高级主管等。

60% 的模糊目标者，几乎都生活在社会的中下层，他们能安稳地生活与工作，但都没有什么特别的成绩。

27% 的没有目标者，几乎都生活在社会的最底层。他们的生活都过得不如意，常常失业，靠社会救济，并且常常都在抱怨他人，抱怨社会，抱怨世界。

二、树立职业价值观

最辉煌的人生 = 职业价值观 + 人生规划 + 情商 + 逆境商数 + 智商

从这个哲理中，可以看出一个人的价值观就是人一生的命运。营销的核心理念是创造客户，是创造自己的未来。营销就是周游列国、广交朋友，是在岗位中找到工作乐趣，最终实现业绩享受。营销的职业心态是“如醉如痴，乐此不疲”。营销的职业发展是“海阔凭鱼跃，天高任鸟飞”。

人的这一生中，不论喜不喜欢营销，是不是做客户服务，一个不争的事实就是我们的一生都在为别人服务，我们的一生都在营销自己。作者在生活中遇到了一位很会“营销”的学生，例如，给作者发一些有价值的短信，帮作者搞到一些有价值的课件，帮作者在讲座中提前占座位，通过这些这位学生做到了“给别人做嫁衣裳、给别人创造价值。”

事业的高度 = 45% 处事态度 + 35% 跨越难度 +
10% 推进速度 + 10% 攀登力度

人的培养是有限的培养，尤其是一个人的价值观对人的成长非常重要。营销是社会舞台本位制的体现：①根据自己的愿望，确定自己的未来；②根据自身的能力，设计自己的方向；③根据自己的优势，设计自己的职业。在营销中，成功的秘诀有五点：高人指点、名人推荐、小人监督、本人努力、菩萨保佑。

走不进工作的人，他一生都走不出工作，是在为生存而忙碌；走进工作的人，他一生都走出了工作，是在为快乐而创造。一个人的价值观就是一个人的梦想。思想是一种化学反应，技能是一种物理反应。技能是强制练成的，而思想一旦转变，马上就表现出生产力来。营销是最大限度地给需求方创造价值，其中：企业合作价值是基础，个人合作价值是增值，长远合作价值是梦想。营销中为客户创造价值的价值观就是“不要做一只杯子，要做一个湖泊；劝君日后倍努力，点点滴滴积光辉”。

1. 我敢对自己说

市场经济的价值观是自我创造，是在没有路的地方走出一条路，《我敢对自己说》是指导作者在多年的市场实战中不断修炼的一种职业精神，现分享如下（见图2－3）。

我敢对自己说

——市场经济的价值观

第一阶段——价值观的确立

我敢对自己说，忧愁从不属于我，
生活的大风大浪，把我锤炼的心胸开阔，
人活着要有志气，进取是最大欢乐，啊！
当我回顾走过的道路，我感到无比的自豪，
因为，信念总在伴随着我。

第二阶段——人生舞台的延伸

我敢对自己说，悲哀从不属于我，
生活的荆棘泥泞，把我磨砺成铁般性格，
人活着要有理想，未来靠不断拼搏，啊！
当我回顾走过的道路，我感到无比骄傲，
因为，胜利总在伴随着我。

图 2－3 攀登人生

2. 客户价值准则

在市场经济中，人与人价值观的根本区别是“多一事不如少一事”与“少一事不如多一事”的差别，对于很多人来说其实做事就是机会，做事就是能力。关于这种“少一事不如多一事”的职业价值观，有一位企业家曾经提出过下面十句话。

- 工作是自己创造的，不是别人给的。
- 工作不能被动，要领先于人。
- 找大事做，小事小便宜会使人变小。
- 找难事做，完成难事才有进步。
- 着手做了就不要放弃，除非达到目的。
- 推动周围的人，推动与推动之间，久而久之，即有天壤之别。
- 要有计划，有长期的计划，忍耐，有好主意并努力希望就会产生。
- 要有自信、坚韧不拔的毅力，成功一定属于你。
- 头脑要经常设想周全，要注意四面八方，不要被认为有隙可乘。

- 沟通产生生产力，沟通产生凝聚力。

三、打造逆商

《道德经》："损益而益，益之而损。"逆境才是造就英雄的最佳环境。飞机的起飞是逆向起飞，阻力是造成升力的前提，在现实中"阻力、推力、升力"也是使人成长的基本条件。飞机起飞的时候，如果从下面看是乌云密布，但是飞机一旦穿越云层，将会发现晴空万里，这种情况和人的成长是一样的。人只有在承受住压力之后，才会有成功的鲜花盛开，正如只有海燕才能见到大海最波澜壮阔的一面（见图2－4）。

图2－4　海燕

在人的一生中，有三个商数伴随左右：智商、情商、逆商。其中，智商是内在的、是天生的，但是可以做到勤能补拙，正如有句话说得好："不是他聪明，是他太勤奋了，不成功都不行。"情商是一种人际交往，是一种外在修炼，是一种对人性的认知和把握。逆商是一种职业精神和职业信仰，核心是一种职业定力，是在面对恐惧、面对失败时心理很淡然、神色很坦然。

任何事情都不是轻轻松松成功的，成功背后的汗水是看不到的。道路不

能仅看表面价值，越是走得远，道路越坎坷，气候越恶劣，底层面的路基价值越重要。西方是一种海洋文化，是一种对外扩张的文化；中国是一种农耕文化，是一种安逸满足的文化。所以，正如孟子所说："生于忧患，死于安乐。"没有忧患，是竞争中最大的忧患；处于安乐，是竞争中最大的危机。

有两种动物是非常有意思的，一种是鸵鸟，据说鸵鸟在遇到危险的时候会将自己的脑袋埋在沙子里，以此来逃避猎物的追杀（见图2－5）[①]。当我们不直视困难的时候，困难还是在那里，正所谓："成绩不讲丢不了，问题不改跑不了。"营销中，逃避困难只会让自己的压力越来越大，最后自己被压力所压垮。

图2－5 鸵鸟

与鸵鸟相反，有一种动物从生下来就是竞争的产物，这就是藏獒（见图2－6）。据说藏獒妈妈生下的小藏獒中最后只有一只能够活下来，这是真正的竞争的结果。营销中就是需要这种"碰壁、面壁、破壁"的职业精神，一种永不服输的职业理念。

凡成大事者，最重要的品质与素养是要有承受"一波三折"的心理准备，这就是一种职业能力。逆商是一种逐级递增的过程，人是在做事当中成长，

① 关于这种说法，有人也提出了不同意见，认为鸵鸟的体色与沙子接近，这是鸵鸟的一种利用保护色来躲避敌人的有效行为，不是纯粹的逃避现实。

图 2-6　藏獒

要不断地去经历，不断地增加自己的经验。人在成长中宁可现在多一些失败，早一些准备，多一些能力，也不要等到年龄大了之后再去经受一些失败，因为有些失败是年龄越大越承受不起。人生太顺利了不好，太舒服、太潇洒之后就会懈怠，正如很多人 40 岁之前太舒服，40 岁之后就失去了应变能力。营销中的逆商可以表现为六然：遇事泰然、得意淡然、失意坦然、艰难自然、曲折超然、谋其必然（见图 2-7）。

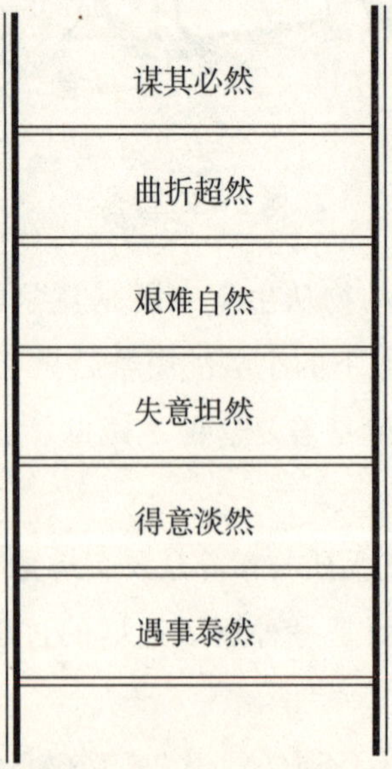

谋其必然
曲折超然
艰难自然
失意坦然
得意淡然
遇事泰然

图 2-7　逆商六然

任何著名的企业家、军事家都是自己从困难中走出来的，他们最大的品质是在逆境中、在恶劣的生存环境中坚持下去。这种逆商是不可复制的。逆商包括3个阶段：第一个阶段是“暴风雨就要来了”；第二个阶段是“让暴风雨来的更加猛烈一些吧”；第三个阶段是“阳光总在风雨后”。暴风雨就为我们创造了新的发展空间，经受过风雨之后才能更感到这时阳光的魅力。

逆商是“没有困难还不能展现能力”，是对待困难就像吃锅饼一样——必须要有嚼头才有滋味。社会的中下层是容易出逆境人才的区域，因为在逆境中人才能做到发愤图强，才能做到一波三折、好事多磨、化险为夷（见图2-8）。人的逆境成长犹如飞机的逆向起飞，只有逆风才能给予飞机起飞的动力。过好的环境中人没有奋斗的动力，过差的环境中人没有奋斗的资源。人在逆境中会有摆脱痛苦的强大动力，这种动力会逼使人去成功，逆境中走出来的人具备一种高逆商和高情商。

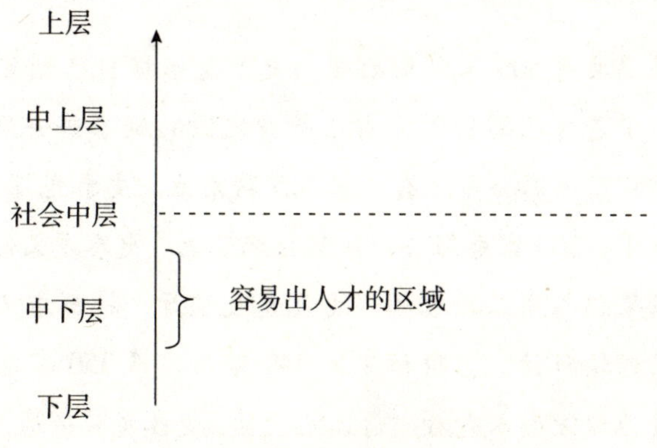

图2-8　逆境出人才

史泰龙被拒1849次①

史泰龙最初来到纽约时，生活非常艰辛。《教父》是当时的一部大片，而他连个群众演员的份儿都混不上。于是他对那些试镜、走台都失去了兴趣，一心一意地去写剧本。在拿到第一笔稿酬之前，史泰龙生活的来源是一个又

① 资料来源：整理自 http：//baike. baidu. com/view/42538. htm#3。

一个的零工：在动物园清洗狮子笼，送比萨饼，帮助别人钓鱼，在书店帮人照看书摊以及在电影院当领座员。

写作的同时，史泰龙也开始在百老汇外围剧院里找到了一些临时性的小角色，并曾出现在伍迪·艾伦的《香蕉》一片中。可是这些断断续续的表演经历并没有给他带来任何机会，没有一位影迷知道他是何方人士。这时，他已经下定决心到加利福尼亚去寻找未来，《洛奇》就是在这样一个背景下诞生的。

他来到好莱坞，住在一间破败的汽车旅馆里。有天晚上，意外地看了一场电视直播的拳赛，由穆罕默德·阿里对一位名不见经传的拳击手查克·威普勒。这个威普勒在阿里的铁拳下居然支撑了15个回合，拳赛一结束，他就找到了创作新剧本的灵感。然后只用了三天时间便写就了这个剧本：一个叫洛奇的业余选手，由于偶然的机会、与世界拳王对抗而一战成名。一个地道的美国式梦想。

当时，好莱坞共有500家电影公司，史泰龙根据自己划定的路线与排列好的名单顺序，带着自己写好的为自己量身定做的剧本前去拜访。但第一遍下来，所有的500家电影公司没有一家愿意聘用他。史泰龙埋头修改了剧本，在第二轮的拜访中，500家电影公司依然拒绝了他。史泰龙又修改了剧本，可第三轮的拜访结果仍与第二轮相同。史泰龙咬咬牙，把剧本又做了一次大修改，开始他的第四轮拜访，当拜访完第349家后，第350家电影公司的老板破天荒地答应让他留下剧本先看一看。几天后，史泰龙获得通知，请他前去详细商谈。就在这次商谈中，这家公司决定投资开拍这部电影，并请史泰龙担任自己所写剧本中的男主角，这部电影就是日后红遍全世界的《洛奇》，史泰龙的人生从此改变。

逆商正是在没有希望中看到希望，正如贾柯·瑞斯写道：“当一切似乎毫无希望时，我看着切石工人在他的石头上，敲击了上百次，而不见任何裂痕出现。但在第一百零一次时，石头被劈成两半。”

新四军军歌的前身是陈毅元帅写的《十年》，这首诗充分展现了共产党领导下的新四军精神。

十年

陈毅

1939 年 3 月

风雪饥寒，
穷山野营，
磨炼我们艰苦奋斗的精神；
三年隔绝，
四围孤立，
增添我们独立坚持的勇气。
长年累月的埋伏和周旋，
把游击战争与秘密工作结合在一起，
我们唯一的依靠就是广大的人民，
我们就是这个母亲的儿子，
我们铁的纪律就来源于此。
啊！这光荣的传统准备了十年！
今朝抗日，
敌寇胆寒！

四、厚德载物

厚德载物的价值观是一切营销的基础。在营销中，能摧毁一个人的不是专业知识，而是支撑一个人的逆境商数。这就像高速公路的路基一样，一场大雨过后不是路面的表层出现了问题，而是路基的底层已经“塌陷”，这就是承载能力的竞争，就是厚德载物的竞争。

同一种职业压力有三种展现状态：①实际的压力；②想象的压力；③心理所能承受的压力。不同的人对同一种压力有不同的感受，所以我们唯一恐惧的就是职业恐惧本身。我们经历过什么，这很重要，因为我们付出了这种经历的前期压力成本。一个人的承受能力，就是他的事业上限，正所谓是：

"自古英雄多磨难，从来纨绔少伟男。"面对压力，要由畏惧和举轻若重的最低境界，走过举重若重的中间境界，走到举重若轻的最高境界。

《周易》讲究的是变量，六十四卦就是六十四种变量。乾卦，"天行健，君子以自强不息"。"自强不息"和道德经上的"自强者胜"，都类似现在汉语中的"超越自我""战胜自我"。虽然是不同的表达，但是内涵都是一样的，算是殊途同归。坤卦，"地势坤，君子以厚德载物"。只有把自己的德行和底蕴打造得很厚实，像地球一样，背着江河湖海、山川万物，既要公转还要自转。职业压力是一个人成长的基础环境，一个人一生的压力就总量讲是一定的，是一个定数，不承受这种压力就要去面对那种压力。可以说是："没有压力，就是最大的压力；处于安逸，就是最大的危机。"因此，面对压力要做到"承受压力、接受压力、习惯压力、喜欢压力、要求压力"。

五、创造快乐

客户经理有三种人：一头迷雾的人、一堆困难的人、一路高歌的人。这三种人分别是指在面对问题时，有的人是一头迷雾，毫无思路；有的人是一堆困难，毫无办法；有的人是一路高歌，做到"天是蓝蓝的天，草是绿绿的草"。这种在营销中创造快乐的职业感觉，用作者的一首小诗来加以描述。

五彩人生

前半生走进书本，活在被人总结的世界。

后半生走进社会，活在真实的属于你的世界。

人生既有阳光，也有风暴。

感受和领悟两个世界的五彩缤纷，

体验和享受不同的资源与美景。

这是人一生中，

不可或缺的两种修炼与境界。

第三节　你能读懂客户吗

一把坚实的大锁挂在大门上，一根铁杆费了九牛二虎之力，还是无法将它撬开。钥匙来了，它瘦小的身子钻进锁孔，只轻轻一转，大锁就“啪”地一声打开了。铁杆奇怪地问：“为什么我费了那么大力气也打不开，而你却轻而易举地就把它打开了呢?”钥匙说：“因为我最了解它的心。”

美国的激励大师金克拉说过：“你的成就建筑在你能够服务别人的基础之上。如果你能够协助别人实现梦想，你才能够让你自己美梦成真。”什么是机会？客户的困饶就是我们的机会。问题是我们了解我们的客户吗？

营销存在收益与风险，营销的沟通中必须要注意四点：对方的理解、对方的接受、对方的感受、对方的效果。营销是将我们的频道转化到对方的频道中：将我们的想法转化成对方的理解，这是沟通的底线；将我们的建议转化成对方的接受，这是沟通的中线；将我们的真诚转化成对方的感受，这是沟通的上线；将我们的价值转化成对方的效果，这是沟通的极限。这正所谓是：“道者同于道，同于道者，道亦乐得之。德者同于德，同于德者，德亦乐得之。”

在营销中，舞台是自己创造的，我们要不断打造自身价值、不断创造发展的舞台、不断创造发展的机会，在无路中走出一条自己的路。这就要求我们做到真正了解我们的客户，使每次谈话我们都是受益者，双方都渴望下次继续谈，产生一种相见恨晚、意犹未尽的感觉。

一、商鞅游说秦孝公[①]

营销的关键是知人，即知道对方是什么、对方需要什么、如何满足对方。营销的基本功就是察言观色——充分获取信息；善解人意——会阅读这些信息；画龙点睛——会解答这些信息。

战国时期，雄才大略的秦孝公欲振兴秦国，一统天下，广纳天下贤才。

商鞅遂西进入秦建功立业，商鞅由秦孝公宠臣景监推荐，与秦孝公谈国事。头次见面，商鞅说了很久，孝公却不时打瞌睡，等到商鞅走后，孝公怒骂景监，说他介绍来的人是个疯子，说的尽是狂言乱语。景监因此责怪商鞅，商鞅说："我向孝公说的是帝道，他听不懂。"

过了五天，景监又请求秦孝公召见商鞅。这次谈话比较投机些，但还是不能合孝公的意。于是孝公又责备景监，商鞅对景监说这次是谈王道，孝公还是听不进去，请再给他最后一次机会，如果还不成，就回家了。

商鞅第三次晋见孝公，两人相谈，数日不厌，在谈话当中，孝公不知不觉把身体移到席案前面来了，与商鞅促膝而谈。于是景监问商鞅，这次怎么能使孝公如此满意，商鞅说："这次我谈的是霸道，孝公因此大悦。"

秦孝公最后告诉商鞅说，行帝王之道，等得太久，他没有这个耐心，况且人人都想在自己在位时就名扬天下，怎么能够默默地等十几年甚至几十年呢？行霸道能及时看到国家富强，这才合他的意思，于是秦孝公开始任用商鞅进行霸道。

在营销中，我们经常听不明白对方的意思，有时候谨慎地谈了一些问题，对方却忽视了这些问题，或者是我们讲的对方没有听懂，对方又不好意思问，一时装懂，甚至有时候对方干脆给理解反了。还有一种情况，我们表达含蓄使对方听不出来，或者是对方对我们有偏见甚至是敌视与防范，故意去曲解我们的意思，这导致我们在日常中的沟通存在很多障碍。所以，只有读懂我

---

① 资料来源：整理自《史记·商君列传》，司马迁著。

们的客户才能做到有效沟通。在这个故事中并非秦孝公听不懂商鞅的话，而是秦孝公内心有自己的想法，而需要有人将他这种想法进行实现。商鞅讲的内容正确与否暂且不说，关键是秦孝公作为他的营销对象，如何做到“知人者智”，这一点对于营销来说非常重要。

二、把斧子卖给小布什[1]

布鲁金斯学会创建于20世纪初，以培养世界上最杰出的推销员著称于世。这个学会有一个传统，在每期学员毕业时，设计一道最能体现推销员能力的实习题目，在克林顿在任期间，他们设计了这样一道题目：请把一条三角裤推销给现任总统。8年间，有无数学员为此绞尽脑汁，可是最后都无功而返。克林顿卸任后，布鲁金斯学会把题目换成“请将不甚锋利的老斧头推销给小布什总统”。

许多学员知难而退，因为现任总统什么也不缺少，即使缺少，也用不着他亲自购买；再退一步说即使他亲自购买，也不一定正赶上你推销的时候。然而，乔治·赫伯特却做到了。一位记者在采访他的时候，他是这样说的：“我认为，把一把斧子推销给小布什总统是完全可能的。因为小布什总统在得克萨斯州有一座农场，那里长着许多树。于是我给他写了一封信。信中说，有一次我有幸参观您的农场，发现那里长着许多矢菊树，有些已经死掉，木质已变得松软。我想，您一定需要一把小斧头，但是从您现在的体质来看，这种小斧头显然太轻，因此您仍然需要一把不甚锋利的老斧头。现在我这儿正好有一把这样的斧头，正是我祖父留给我的，很适合砍伐枯树。倘若您有兴趣的话，请按这封信所留的信箱，给予回复……最后他就给我汇来了15美元。”布鲁金斯学会得知这一消息后，把刻有“最伟大的推销员”的金靴子赠给了他。

布鲁金斯学会表彰他的时候说：“金靴子奖已经空缺了20多年，期间布鲁金斯学会培养了数以万计的推销员，造就了数以百计的富翁。这只金靴子之所以没有授予他们，是因为我们一直想寻找这么一个人，这个人不因有人

---

① 资料来源：整理自http：//home.51.com/lamian333/diary/item/10020804.html。

说某一目标不能实现而放弃，从不因某种事情难以办到而失去自信。”

我们从这个故事中可以找到四个值得每个营销人员借鉴的地方。

首先，营销人员要存在一种志向。这是一种不会因为别人认为不能实现就放弃的志向，是一种发自内心的志向。

其次，找到合适的沟通方式。针对高层人士进行书面营销比进行语言沟通更能得以实施，不同的人有不同的接触途径。

再次，发现对方的有效需求，以对方的角度来考虑问题，在这个故事中是小布什健康的体质需要一把不甚锋利的老斧头。

最后，采用情感沟通进行营销，用一种故事的形式来进行讲述，在这个故事中这把老斧子是乔治·赫伯特的祖父留给他的，具有一定的情感在其中。

三、解放客户才能解放自己

《荀子·王制篇》：“庶人安政，然后君子安位。传曰：‘君者，舟也；庶人者，水也；水则载舟，水则覆舟’。”（见图2－9）在经营客户上，要记住一句话：顾客是上帝，也是魔鬼。服务搞好了，顾客就是上帝；如果服务不好，顾客就是“砸锅卖铁”也会起诉企业，这就是把顾客变成了魔鬼，这也是失败企业都会犯的错误。

阎世春会长有一首小诗，其意境恰恰描述了这种通过解放客户来解放自己的营销理念。

山野一枝梅，（客户经理）
静观雪漫飞。（无路可走）
阳生春归来，（陌生客户）
引领百花随。（找到新路）

人与人的交往关键是技术核心能力上的对等，一定要能够提升对方的岗位价值。人与人聊得不深，是水平问题。做事一定要能够做出味来，要做出

图2-9 水与舟

感觉来。营销的关键是叠加价值的最大化，打动对方要在最关键的偏好价值层面上。在营销中，我们要帮助别人创造价值，创造工作、生活中的喜悦，创造一个对方想到你的理由，形成双方继续交往的前提。

要知人，就要有“一套思想、两种语言”的本领，对20%的专业人士用“美声”唱法，进行专业技术层面的沟通，对80%的大众人士用“通俗”唱法，进行基本常识层面的沟通。当把客户营销成功之后，我们将获得心中的喜悦、价值的创造和自身的发展。

第三章

学经，才会善言：魅力 + 策划

子曰："知之者，不如好之者；好之者，不如乐之者。"

——《论语·公冶长》

《素书》有云：“贤人君子，明于盛衰之道，通乎成败之数，审乎治乱之势，达乎去就之理。若时至而行，则能极人臣之位；得机而动，则能成绝代之功。如其不遇，没身而已。”营销需要做到“明道、明数、明势、明理”，做到进退有度，而营销的“挑战性、开拓性、创造性”等特点，又使得在营销中必须要具有不断创造职业魅力的能力，这是职业核心价值的提升，是与众不同的职业技术能力的打造。中国香港著名演员张曼玉就是一个不断创造自己职业魅力的典范。

张曼玉原籍上海，生于中国香港，8 岁时全家移民英国，童年和青少年时代在英格兰度过，曾在英国肯特郡读中学。16 岁时当过伦敦书店店员，1982 年暑假期间到中国香港旅游时，无意中被广告商看中，开始当兼职模特。1983 年 18 岁时参加了“香港小姐”选美大赛并获得了亚军及最上镜小姐奖，同年她代表中国香港赴英国参加“世界小姐”选美并入选前 15 名，之后便开始进入影视界。从 1983 年至今的近 30 年时光中，张曼玉始终是荧屏上的魅力女人，这在竞争激烈的演艺圈中不可不谓是一个奇迹。

第一节 是骏马，就要创造一片草原

苏轼：“古之立大事者，不惟有超世之才，亦必有坚忍不拔之志。”就目前来看，优秀的企业家不是学校所造就，像李嘉诚、王永庆、比尔·盖茨、松下幸之助、摩根、福特等，都不是学院派的，他们都是在市场的实战中“野生”的，而他们的“坚忍不拔之志”正是他们成功的根基。

一、坚忍不拔之志

歌德：“人生最重要的事情是确定一个伟大的目标，并决心实现它。”在能力和志向中，一个人的能力和志向如果不是同一个水平的，那么他的综合表现就只能达到短板的水平，这也就是管理学中常常讲到的“木桶理论”（也称之短板理论）。在一个人宏伟的志向之下，错误的价值观是“多一事不如少一事”，这样的价值观会不断丧失机会；正确的价值观是“少一事不如多一事”，自己不断为自己创造自身发展的机会。所以，一个人的志向是营销的基础，“是骏马，就创造一片草原（见图3－1）；是雄鹰，就创造一片蓝天”。创造，是营销中最难得可贵的品质。

图3－1 骏马创造草原

威灵顿与蜘蛛的故事[①]

18世纪末19世纪初，法兰西第一帝国皇帝拿破仑为了加冕“欧洲皇帝”，指挥大军纵横驰骋，横扫整个欧洲战场。迫使英、俄、德等欧洲国家结

① 资料来源：整理自 http：//jiaren. org/2009/03/28/spider－general－weave/。

成欧洲同盟，共同抵御拿破仑的侵犯。

拿破仑是个天才的军事家，他指挥军队一再以少胜多，击败声势浩大的同盟军，让同盟军的统帅、英国的威灵顿将军一次次蒙受羞辱。但最后的结局怎样呢？历史已经证明了，最终的胜利属于威灵顿。

威灵顿并不是一个天才型的人物，小时候，连他的母亲都把他看成是低能儿。上了学以后，他成为学校里最差的学生。在老师和同学的眼里，他迟钝、愚昧而又懒散，看不出他将来有什么出息。他也没有任何特长，而且从没想过要参军。不过最后大家发现，这个孩子的毅力是超出常人的。或许正是由于这种品质，让他成为英国最著名的军事家兼政治家。

但是，就当时而言，无论是权势、威望还是军事才能，威灵顿都要逊色于拿破仑，那么他是靠什么战胜了强大的对手呢？在一个与威灵顿有关的故事中，给出了这一问题的答案。

在法军与同盟军的一次大决战中，同盟军遭到法军的痛击，再次兵败如山倒。威灵顿将军率领小股部队，拼死杀出一条血路，逃到一座山上，藏在一个山洞里。山洞很小也很隐蔽，使威灵顿暂时避免了被俘的命运。但是，那个小山洞差点成了威灵顿的葬身之地。要致威灵顿于死地的敌人不是法军，而是他自己。在那里，他想到自己连战连败，损兵折将，一时间感到万念俱灰，甚至起了自杀的念头。

当威灵顿准备一死了之的时候，突然发现洞口有一只蜘蛛在结网。不知是由于风力太大还是蛛丝太嫩的原因，蛛丝刚拉上很快便断了。蜘蛛又重新开始，但迎来的是第二次失败。

威灵顿聚精会神看着眼前的蜘蛛，想起自己的结局，内心更生出几分悲凉。他想：蜘蛛啊，你快别白费心思了，成功是不属于你的。果然，蜘蛛又尝试了很多次，每次都以失败告终。看着它的每一次失败，威灵顿心里都在说："这次该放弃了吧？"然而，蜘蛛似乎毫无放弃的念头，总是在蛛丝断了之后，又重新开始工作，来来回回、不知疲倦地忙碌着。

眨眼间，蜘蛛已经失败了六次，但它仍然没有放弃。它在第一次吐丝的地方，不紧不慢地吐出丝来，然后从容地爬向另一头。这一次，它成功了！不大一会儿工夫，一个结实的蛛网就诞生了，而蜘蛛则停在蛛网中央，收获着胜利的喜悦。

小小的蜘蛛，为了自己的“事业”，居然能如此锲而不舍。亲眼看到这一切的威灵顿泪流满面，他被蜘蛛永不言败的精神深深感动了，同时也为自己刚才那一瞬间的懦弱感到羞耻。他朝蜘蛛深鞠一躬，大步走出了山洞。

走出山洞的威灵顿，也很快走出了失败的阴影。他集结自己残余的部队，卷土重来，用蜘蛛的精神来激励士气，终于在滑铁卢一战中大败拿破仑，在世界军事史上写下光辉的一笔，并深刻地改变了世界历史的走向。

曹操和刘备在《煮酒论英雄》中说道：“龙能大能小，能升能隐；大则兴云吐雾，小则隐介藏形；升则飞腾于宇宙之间，隐则潜伏于波涛之内。方今春深，龙乘时变化，犹人得志而纵横四海。龙之为物，可比世之英雄。夫英雄者，胸怀大志，腹有良谋，有包藏宇宙之机，吞吐天地之志者也。”（见图3－2）

图3－2　乘时变化

人都有强大的一面，也有脆弱的一面，在营销中有时候成功仅仅就是比别人多试了一次，在别人都放弃的时候再坚持一会儿，这时就需要宏伟的志向和坚韧不拔的意志力。高手与高手的竞争就是意志力的竞争，大家在技术层面的差距已经很小，所以最后竞争的是意志层面，是谁的内心更强大。郑板桥有一首《竹石》，对这种坚韧不拔的精神进行了形象描述（见图3－3）。

竹石

郑板桥

咬定青山不放松，立根原在破岩中。
千磨万击还坚劲，任尔东西南北风。

图3－3 竹石

美国林肯总统的经历，也验证了中国的那句古话：“自古英雄多磨难，从来纨绔少伟男。”

- 林肯 21 岁时做生意失败。
- 22 岁时角逐州议员落选。
- 24 岁时做生意再度失败。
- 26 岁时爱侣去世。
- 27 岁时一度精神崩溃。
- 34 岁时角逐联邦众议员落选。
- 36 岁时角逐联邦众议员再度失败。
- 45 岁时角逐联邦参议员落选。
- 47 岁时提名副总统落选。
- 49 岁时角逐联邦参议员再度落选。
- 52 岁时当选美国第 16 任总统，并成为美国历史上最受人尊敬的总统之一。

二、打造发展空间

在营销中，机会是自己主动去创造的，只有热爱自己的岗位，才能够有创造力，也就是说只有做到热爱岗位，才能解放思想、创造梦想、分享成功（见图 3－4）。

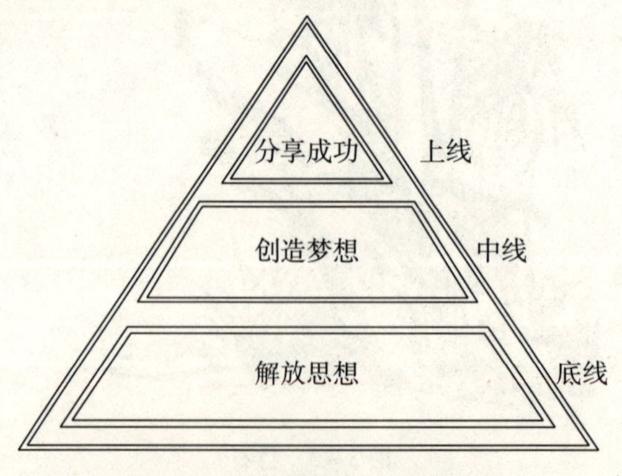

图 3－4　岗位热爱之上的创造力

解放思想，是要具有创新思维、挑战困难、发现机会；创造梦想，是要勇攀高峰；分享成功，是要超越激情。而80%的人对工作缺乏一种职业精神。在工作中如何持续提升自己，不断学习，这就要求有大胸怀。我们有一个客户是一家规模较大的制造企业，这个企业每年都要从高校中招收大量的大学毕业生。有一年这个企业与英国一家企业合资投产了一个项目，需要派人员去北京相关部门沟通审批程序，并去英国学习一年，这时候老板就主动提出让一位年轻人去试一下。我就问老板为什么想到了这位小伙子，老板说这位大学生刚进入这家企业之后就在厂报上发表了几篇文章，让老板一下子对这位大学生有了比较好的印象。事实上，这也是很多年轻毕业生可以借鉴的一种营销自己的方式，在企业中内部刊物永远是领导的关注点，这也是领导认识人才的一种方式，这位年轻人就是做到了主动的去营销自己。

三、探索营销策略

有三条营销策略是值得大家借鉴的。

1. 蚂蟥精神

这是指营销要具备蚂蟥的精神，做到“撕开一个小口，挤出一片蓝天”。营销中有“蚂蟥式营销”，也有“钉子式营销”，两种方法都能够进行渗透，但是“钉子式营销”过于直接、不含蓄，虽然事情有可能成功，但是在情感上让对方接受不了。蚂蟥式营销就通过一步一步的小渗透，更加的为人所不察，也就更容易为人所接受。

骆驼的营销①

在一眼望不到边的沙漠上，一个阿拉伯人正骑着一头骆驼在赶路。天越来越黑了，阿拉伯人停了下来，搭起一个帐篷，想美美地睡上一觉，等天亮后再继续赶路。

阿拉伯人躺在被子里刚睡着，他的骆驼就把帐篷的帘子轻轻地撩起，把

① 资料来源：整理自《伊索寓言》。

头探了进来。阿拉伯人纳闷地问道：“发生什么事了吗?”

骆驼可怜巴巴地说：“主人啊，外面实在太冷了。求求您让我把头伸进帐篷里暖和暖和吧!”善良的阿拉伯人为自己没有考虑到骆驼的感受而有些内疚，急忙答应了。

可过了一会儿，骆驼又恳求说：“主人啊，能让我的脖子也暖和一下吗?”阿拉伯人又毫不犹豫地答应了。骆驼赶紧把脖子伸进帐篷里面来。

贪心的骆驼还不知足，它见主人这么好说话，心里又打起了坏主意，因为它的身子还在外面呀！于是，它装作很难受的样子，把头摇来摇去，又说道：“这样站着，身子实在太不舒服了，我还能把前腿放在帐篷里吗?”阿拉伯人依然痛快地答应了骆驼，可是帐篷实在太小了，善良的阿拉伯人不得不蜷了蜷身子，睡到帐篷的角落里，给骆驼让出一点地方来。

第二天清晨，阿拉伯人被冻醒了，“天呀！这是怎么回事!”他发现自己竟然睡到帐篷外面。原来半夜里骆驼将整个身子都挤进了帐篷里，把阿拉伯人拱到帐篷外面去了（见图3－5）。

图3－5　阿拉伯人与骆驼

在这个故事中，骆驼采取的就是“蚂蟥营销”，它并不是要求一步到位，而是不断地进行一些渐进式的小的要求，这非常符合人的心理变化。在《营销力》一书中，罗伯特·西奥迪尼讲述过一种心理学原理——承诺和一致。这种心理学原理的大体意思就是“一旦我们在一开始做出了某个决定，或者选择了某个立场，我们就会有一种来自个人内心的压力迫使我们后续的行为与此保持一致”。这个故事中，阿拉伯商人一开始同意骆驼把头伸进帐篷里，这是后续一切行为得以发生的根源，因为他的内心在要求他要不断同意骆驼新的要求，即使这些要求已经越来越不合理。

2. “计上心头”

这是指营销中要做到一计不成，又生一计，相信方法总比困难多。在营销中，不是一开始就会把所有的事情都想到，更多的时候是一波三折、化险为夷，所以必须不断地去挖空心思想办法，这就需要平常不断地修炼基本功。

3. “出奇制胜”

这是指营销中有思路才有出路，要找对正确方法、找对有效时机、找对关键人。孙子曰：“以正合，以奇胜。”营销也需要关键时候的“秘密武器”。其实，更多的时候这些营销技巧都是在一种志向、一种激情下被创造出来的，正所谓“世上无难事，只怕有心人”，只要人有志于做某件事情，很多时候办法自然就会到来，这时候再加上这个人的意志力和工作激情，人的成功也就具备了基本条件。关于这种职业感觉，可以用朱熹的一首《观书有感》来加以描述。

观书有感

朱熹

半亩方塘一鉴开，天光云影共徘徊。
问渠哪得清如许，为有源头活水来。（见图 3－6）

图 3－6　问渠哪得清如许，为有源头活水来

四、创造客户感动

一个不愿为别人服务的人，自己的路将越走越窄。只有不断地为客户创造价值、创造感动，才有舞台，才有机会，才有发展。在营销中，不成功的人共同的特点是“说不行比说行还没有心理障碍”。成功的人共同的特点是“说不行比说行还难，说不行有心理障碍”。

营销是一种具有创新性的活动，要学会借别人看问题的高度与角度来发展与丰富自己的见识，通过提升自己来提升客户。由于营销的环境与因素具有诸多不确定性，这就要求在营销中具有极大的梦想与激情，做到“知业者不如好业者，好业者不如乐业者。”

营销就是沙场上的“马拉松”，营销是一种毅力的竞争，营销可以划分为 4 个阶段：第一阶段，重在参与，这时候是 100% 的人员；第二阶段，关键在坚持，这时候只剩下 70% 的人员；第三阶段，核心在战胜自己，这时

候只剩下20%的人员；第四阶段，永不服输是不变的信念，这时候只剩下10%的人员。所以，丘吉尔在最后一次演讲中只讲了8个字：“永不放弃，绝不放弃。”

积极的心态将为我们带来成功意识，如果我们对营销能够表现出热爱而且能表达自我，那么我们的内心将获得平衡，我们也将排除恐惧，并收获了解自我和他人的智慧。我们有什么样的胸怀，别人就给我们创造什么样的支持；我们有什么样的实力，别人就给我们提供什么样的条件。

我们有一位非常成功的商人朋友，他对个人的职业素养和职业修炼有下面10句话，在此与大家共享。

（1）人天生具有推销自我的本领。

（2）交往就是从别人拒绝开始。

（3）对待工作没有抱怨的权利，要有战胜一切的信念。

（4）奇迹不会光临不敢面对困难的人。

（5）战胜四诀：鼠钻、虎搏、龙腾、鹰啄。

（6）永远的繁荣在于不断的创新。

（7）没有永远的机会，但有持续不断出现的机会。

（8）人生的价值在于拼搏和创造。

（9）战胜困难，先要战胜自我。

（10）梦——永远的梦、理想的梦。

下面继续与大家分享一个我们所经历的“打造发展空间、探索营销策略、创造客户感动”的营销案例。

2003年2月—2003年5月的这段时间，是中国非典的特殊时期，整个社会经济也处于紧张时期。在当时的市场背景之下，我们的一家战略客户由于刚刚经历了破产重组，外界对其持相对谨慎的态度。此时，有五家作为债权人的外资银行对企业提出了一个还款条件：如果在规定的时间之前，企业可以还款的话，可以对企业的贷款打五折。

当时这些外资银行对企业的优惠还款额度为1.39亿元，如果这项还款能够顺利进行的话，企业将用1.39亿元的价格还清2.78亿元的贷款，这对企业而言是一个非常好的机会。

起初，这项业务是由当地的市商业银行来提供后续流动资金进行支持，结果在最后只剩下两个工作日的时候，市商业银行通知企业说后续资金提供不了了，企业的经营一下陷入了非常被动的局面。

我们在当时马上主动接手了这项业务，经过全行上下的合力、合谋，最终在两个工作日内将企业经营所需要的1.39亿元流动资金顺利批下。这其中需要与总行、分行进行全面的沟通，以争取到最大额度的支持，最终我们在两天时间内对企业提供1.39亿元的流动资金支持，从此建立了我行与这家企业的长期合作关系。

第二节 机会学+经济学

营销是大的关联体系，需要做到“选对路、找对人、说对话、做对事、算对账、择对时”，需要：①大门找对；②小门找对；③关键人找对；④时间找对；⑤地点找对。在营销中，追求的是恰到好处：以终为始；止于至善；以小见大；顶层设计。

营销的特点是自上而下营销，事半功倍；自下而上营销，事倍功半。营销需要做到机会学之上的经济学，这是在最佳的时机，用最低的成本，获得我们所需要的效益。要获得时机，就要了解客户：①密切联系客户，与客户保持一定的“密度与力度”；②理论联系实战，提升我们的实战能力；③赞美与自我赞美，体现我们的真诚与价值。

一、创造关键时刻

营销中怎么样创造一片蓝天？就是不断创造与高端客户沟通的机会。本书作者的某一重量级客户曾因公务来到作者所在的城市，中间仅短暂停留了三个半小时。客户办完业务之后要坐动车回北京，为了能够创造与客户一块同行的聊天机会，作者特意让人买了两张坐在一起的车票，然后亲自陪同客户坐车回到北京。在旅途中，两个人由于没有外界干扰进行了亲密交谈，在聊天中展现了一种相互之间的个人魅力。到了北京之后，作者把客户送回单位后再返回所在城市，这个过程完全就是创造出来的一次交流机会，在关键时刻给客户创造一种心理上的感动，这就是营销中的机会学。

为什么成功是少数人的事？当一个机会来到时，在前期大多数人是看不明白的，看明白的人是少数人。正因为大多数人看不明白，所以少数看明白的人才有机会，发展成本才最低。老板在营销中，同样要把握住这种先期机会。海尔在一些企业的经营进入低谷的时候进行兼并，这也是一种机会的把握。

海尔兼并中的“活鱼肉、死鱼价”①

海尔集团以其著名的“休克鱼”理论作为战略支撑，通过各种低成本的兼并来实现扩张。海尔集团从1988年兼并青岛电镀厂开始，1991年兼并青岛空调器厂、青岛冷柜厂，1992年兼并冷凝器厂，1995年7月兼并青岛红星电器集团，1995年12月兼并汉蓝波布岛公司，到1997年7月兼并莱阳电熨斗厂，海尔在18件兼并案中有14个被兼并企业的亏损总额达到5.5亿元，而海尔最终盘活的资产为14.2亿元，成功地实现了低成本扩张的目标。

海尔集团认为“休克鱼”是指那些设备性能较好、债务也能剥离，仅仅是因为产权模糊、无人负责或经营管理不善导致的效益低下的企业。海尔看中的不是兼并对象现有的资产，而是潜在的市场、潜在的活力、潜在的效益。这些“休克鱼”的肌体没有腐烂，企业硬件很好；而处于休克状态，是因为企业的思想、观念有问题。一旦这些企业被注入新的管理思想，有一套行之有效的管理办法，很快就能够被激活起来。这就是海尔之所以愿意吃，也能够吃好“休克鱼”的关键。

海尔集团从冰箱作为主业开始发展，现在除滚筒洗衣机之外的洗衣机、空调、冷柜、小家电等都是通过兼并发展起来的。例如，在1997年3月兼并爱德电器集团的洗衣机厂的合同中，将企业原来的债务剥离，由爱德集团承债，剩下的有效资产海尔集团只是将控股的2928万元作为向顺德海尔集团电器有限公司的借款，在产品生产出来以后，分三年三次等额用海尔股份所分

① 资料来源：整理自《海尔电器兼并规则——吃休克鱼不吃死鱼》，《海尔兼并：不吃“死鱼”》。

得的利润进行偿还，这样就实现了对顺德海尔电器有限公司60%的股份的控股，其实质是海尔集团通过向被兼并方借入资本，实现控股。

海尔集团实施兼并“休克鱼”战略的关键，是在市场的冬天进行企业兼并。在市场高速扩张的时候，被兼并企业对未来发展的预期较好，即使是转让企业的部分控制权，被兼并企业的要价也非常高，这对于兼并企业来说就是一个过高的成本投入。但是，对于同样一个被兼并企业，在市场的冬天其对未来的预期将会降低，这时其转让控制权时的要价也会降低，对于兼并企业来说就可以降低兼并时的成本投入。海尔在市场的冬天通过对这些“休克鱼”的兼并，实现了“小投入、大产出，低投入、高产出，快投入、快产出”。

企业的兼并是机会学，营销也是机会学。“傅说举于版筑之中，胶鬲举于鱼盐之中，管夷吾举于士，孙叔敖举于海，百里奚举于市。”一方面，这说明英雄不问出处，天将降大任于斯人也，必先苦其心志；另一方面，这也是说明在这些英雄还未成为英雄的时候，对他们施以帮助，这才是真正的机会。

新雷

张维屏

造物无言却有情，每于寒尽觉春生。
千红万紫安排著，只待新雷第一声。

营销中机会的来源有“三靠”：关系靠走动；感情靠联系；信息靠沟通。什么叫自强者胜？你越强大，你的发展机会、你的选择机会、你的合作机会就越多。营销是一种战略机会能力，通过营销做到在卖产品的同时，积累关系、积累感情、积累机会、积累收益。通过不断的实战，做到不受任何“禁区”的限制、做到不受“雾区”的困扰、做到大胆地探索“解放区”，从解放区进入革命根据地，把革命根据地不断做大。

营销的机会学=精确时间+精确空间+精确客户关系+精确产品组合

《道德经》：“居善地，心善渊，与善仁，言善信，正善治，事善能，动善时。”营销中的机会就是在关键的时候给对方提供支持与帮助，获得日后对方对我们的支持。在营销中，要不断提高自身的客户服务本领：①找出问题是水平；②解决问题是能力；③设计机制是专家。营销的核心理念是：①非静无以成学，创造最大的静心的环境；②非志无以成才，创造最大的梦想与追求；③非悟无以成师，创造最大的无边界思考的空间。

二、打造客户价值的增值

营销的核心就是为对方创造价值，通过给对方创造价值体现我们的价值，所以营销就是打造客户价值的增值，这正如《道德经》中所说：“己愈为人，己愈有；己愈与人，己愈多。”也就是只有解放客户，才能最后解放自己。这里有三个公式是对这种价值增值的概括。

1. 99 + 1 = 100

机会，就是“名人推荐、高手指点、贵人相助”，这用公式来表述就是 99 + 1 = 100。现代社会越来越讲究推荐制，这实际上也是一种担保制，推荐人用他自身的信誉来为我们担保，让我们获得了成长的快速进步空间。在营销中，我们能走多远，关键是我们与谁同行。营销中一定要谋求客户为我们“推荐”，这是最好的信任“名片”和“礼物”。

凡是很愿意帮助我们的人，首先他认为我们有成功的能力和运气。所以创造客户的推荐，就是创造自己的未来。有一首歌的歌词写到“山上有棵小树，山下有棵大树，我不知哪个更高”。在营销中，要像山上的那棵小树，依托山的优势来发展自己，而不是在山下直接与大树进行竞争，这种“智者借力”的营销模式正是“善借者得天下”。

2. 100 + 1 = 101

当在营销中，客户选择了我们，我们仍然要在基础服务之上再给客户创造一点价值，始终要考虑到我们还能为客户做些什么，这才是真正的营销。例如，在银行业中，在营业中对顾客一声简单的问候，热情亲切的服务，一杯沏好的热茶，在节假日给顾客发一条节日问候的短信，这都能给顾客带来良好的喜悦与感受。营销就是人过留名、雁过留声，营销就是在攀岩，所以我们需要不断增强自身为客户提供价值的能力，始终比竞争对手做得更好一

点，这就是 100 + 1 = 101。

3. 100 - 1 = 0

在营销中，做好了利人利己，做砸了害人害己，所以营销中的一条原则就是 100 - 1 = 0。很多情况下我们只有一次机会，做砸了我们就出局了，再也没有第二次同样的机会，所以在营销中我们必须把握每一次机会。当机会来临的时候，我们要像饥饿的人扑在面包上，用自己最大的力量去为客户创造价值。在营销中，做好了，我们可以将魔鬼变成天使；做砸了，我们可以将天使变成魔鬼。

4. 王永庆卖大米

市场经济就是与陌生人打交道，怎样自如地与那些我们所需要的客户建立深厚的个人关系，并在此基础上发展业务关系，这是一门技术与艺术的统一。再难的事情也有人能够办成，再简单的事情也有人办不成。所以，在营销中，人既无上限，也无下限。在营销中，我们的理念是与客户利益捆绑，共同分割市场，不是我们吃了客户，而是我们与客户共同瓜分新的市场。王永庆就是通过不断给客户提供价值增值，获得了客户的认可，最终实现了利人利己。王永庆早年在台湾嘉义开米店卖米，为客户创造了五个价值增值点，获得了客户营销的成功（见图 3 - 7）。

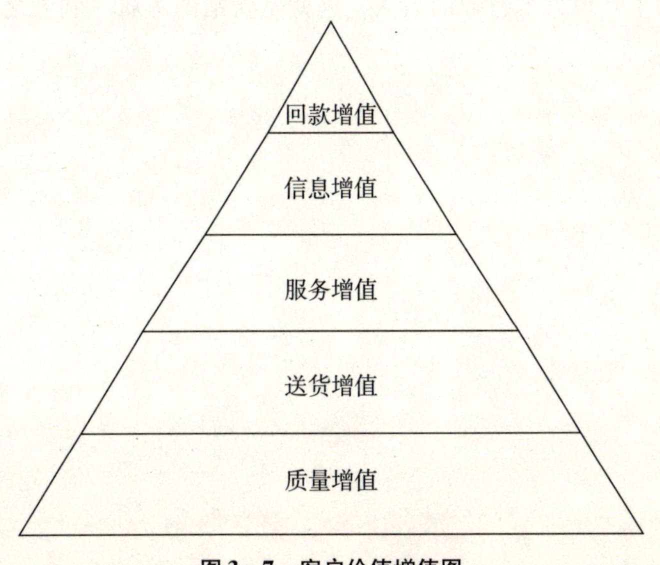

图 3 - 7 客户价值增值图

（1）质量增值

当别的米店都是大米、沙砾、小石子一起卖的时候，王永庆却在卖米之前把这些杂物全部挑拣出来，让客户在大米的质量上获得了增值。

（2）送货增值

当别的米店都是坐门等客的时候，王永庆却在当时就能够走街串巷去做推销，并且配置运输工具，送货上门，方便顾客。

（3）服务增值

王永庆送米的时候，还细心地为顾客擦洗米缸，记下米缸的容量，把新米放在下面，陈米放在上面，让客户先吃陈米再吃新米，保证了米的质量。

（4）信息增值

王永庆在送米上门的同时，还总是见缝插针地做一些精心的统计，比如这户人家有几口人，每天用米量是多少，需要多长时间送一次，每次送多少，他都一一列在本子上，下次不等客户找上门，王永庆就将大米送到了。

（5）回款增值

王永庆还了解客户家发工资的日子，并记录下来，在他们发了工资一两天内去讨米钱，在最大限度内避免了客户的赊账时间过长。

通过这五个方面的价值增值，王永庆最多的时候一天可以卖出一百多斗的米，成为了当地大米行业的名人，这就是营销的本质“利人之上的利己”的核心所在。

第三节　审美学+心理学

我们是在营销什么？我们是在把心中的“拦河大坝”移开，在无路中走出一条光明坦途之路。营销要真正实现效果，必须能够打动对方的心灵。在产品基本同质的情况下，情感起到了价值增值的作用。消费者追求的是综合价值最大，而情感价值在他的消费中占据关键成分。

审美学是指不同层次人的审美标准具有差异性，我们要不断追求事物的合理性，以对方的标准来打动他，使他的心理产生一种化学变化，这一点可以从人的眼神、神态中观察到。有一次我们的一位领导来视察工作，当他看到我们在雪天伫立门口的时候，他的心被打动了，感受到我们真诚的尊重。当领导在百忙之中前来的时候，我们希望能和领导照张相，并告诉领导尽管他平易近人，但是我们每个人都觉得他非常重要，希望过年的时候和他照张相，领导欣然与大家合影。当与领导座谈的时候大家很紧张，这时我们告诉领导尽管他外表很严厉，但是骨子里很温和，领导也认为这才是他的真实性格，一个紧张的氛围就被轻松所替代。每一步，都要从对方的心理出发，通过一种真诚的表述，实现审美学之上的心理学的效果。

一、审美学中的水涨船高

《人性的弱点》可以说是人际交往的圣经，因为每个人最在意的永远是自己，人们渴望被认同、渴望被尊重、渴望展现自己，这都是人的真实心理感受。尤其是中国人，情感占据了重要位置，心被打动才是人与人沟通的通行证。在人性方面，弗洛伊德有个观点，“本我、自我、超我”，这可以作为营销的一种知识基础来进行学习。

（1）“本我”，是指人的本能，包括生活本能和死亡本能。这是一种生物冲动，是人类原始力量的来源。它属潜意识范围，按照快感原则，要求满足原始本能的需要，这也是人的自然属性的一面。弗洛伊德认为延续个体和种族生命的本能是“生活本能”。

（2）“自我”，是指人格结构的表层，它是现实化了的本能，也是人的社会属性的一面。例如，婴儿最初的时候只有“本我”的存在，表现出来的全部是自然属性，但在社会环境的影响下，逐渐懂得只有在某种条件下才能顺利地满足“本我”的要求，于是渐渐形成了“自我”。“自我”是保护个人的精神调节因素，它控制“本我”，以免本能肆无忌惮，造成对社会和个人的危害。弗洛伊德认为“本我”代表不可遏制的欲念，“自我”代表理智和深谋远虑。

（3）“超我”，是指道德化了的“自我”。它是人格结构中的重要组成部分。“本我”所遵循的是快感原则，是自然属性的反映；“自我”遵循的是现实原则，是社会属性的反映；“超我”所遵循的是道德原则，是精神属性的反映。“超我”是人类所特有的，“超我”包括两个方面：一方面是通常所谓的“良心”，另一方面是“自我理想”。这种道德、良心、理想就构成了人格中的“超我”，也是人的精神层面的追求。

在营销中，是营销情感之上的产品，是天时、地利、人和的综合匹配，是“客户想到的，我们要想到；客户没有想到的，我们也要想到；客户没有要求的，我们要准备到；客户讲到的，我们要做到”。“成事”我们说了不算，但是“做不做”我们说了算。

有一个国王与画家的故事，是审美学中以对方为中心的描述：从前有个国王，左眼瞎而右腿瘸，他请全国的画家为他画像，要求画得真实而又不损他的尊严。画得好，有赏；画得不好，杀头。有一位画家给他画了一幅肖像：头戴王冠，身穿王服，左眼瞎，右腿瘸，十分逼真。国王看后，下令将画家杀死了。又有一位画家给国王送来一幅肖像画：眼不瞎，腿不瘸，英勇威武，国王看后，下令将这个画家也杀死了。后来有一个画家画了一张画像，国王

骑在战马上英姿飒爽，一只眼闭上搭弓射箭，国王很满意，重重赏赐了他（见图3－8）。

图3－8　国王与画家

在这三个画家中，第一个画家和第二个画家都是以自己的理解来进行绘画，只有第三个画家是以国王的需要来进行绘画，前两个画家的失败就在于不知人，不知道国王真正的内心需要。孔子曰："与中人以上，可以语上；与中人以下，不可以语上。"这里的关键就是首先要知道对方是中人以上，还是中人以下。

在营销中，审美学就是以对方的需要和感受为中心，将我们对客户的单相思发展为与客户的双相思，这就是知人带来的营销效果。自然界也给了我们很多营销的启示，例如人类的好朋友狗。我们可以发现狗能做到一切以主人为中心，并且很善于观察主人的表情变化。有个朋友家里养了一只沙皮，这只狗非常聪明，如果朋友回家的时候很高兴，它就跑到朋友的身边蹭来蹭去，如果朋友不高兴，这只狗就自己躲在屋子里绝不出来，很有一种"事不关己不开口，一问不知三摇头"的感觉。

二、心理学中的精确打动

每一个客户都是一部永远也难以解读清楚的长篇小说，营销就是要由认识一个人做到熟知一个人，做到“读客户千遍也不厌倦，读客户的笑容像诗篇”。心理学就是学会欣赏客户，学会不断发现与挖掘对方最美的品质，诚挚地告诉他最美的一面，这是交往中最重要的职业感觉，也是心理学的核心。营销的心理学中有4个技巧：①善于创造谈话气氛；②善于创造谈话的话题；③善于创造谈话的深度、高度与精度；④善于创造引人入境的感受。

《鬼谷子》：“口者，心之门户也；心者，神之主也。”在营销中，我们的语气与表情也是一种语言，这要求我们做到以对方为中心，达到同一个频道、同一首歌。孔子曰：“言未及之而言，谓之躁；言及之而不言，谓之隐；未见颜色而言，谓之瞽。”在营销中不该说的而说，叫失言；该说的没说，叫失误；能讲的没讲，叫失去机会。营销中的谈话要做到6部曲：①察言观色；②善解人意；③分析判断；④一语中的；⑤ 制订方案；⑥事后验证。

当我们了解人性、顺应人性之后，再强大的对方也有被打动的时候，这正是“心战为上，攻心为上，不战而胜为善之善也”。有一首歌叫《很有味道》，歌词中写道“下雨那天送把雨伞就把我感动、下雪那天嘘寒问暖就把我感动、情人节送束鲜花就把我感动、生日那天的烛光晚餐很让我感动”，这都是在心理学上的精确打动（见图3－9）。在客户心理最脆弱时打动客户，是营销心理学的重要法则，例如深夜的时候去机场迎接客户；风雨天的时候去送客户；客户生病了，去医院看望客户。这都是一种对人心的揣摩和打动，营销的核心是赢得客户的心。有一年春节的时候，作者收到了一位老朋友的短信：“朋友为书，值得久读；好友如酒，需要细品；老友是诗，必须循韵；挚友乃天，一生所求。”当时作者一下子就被打动了，对方认为我们是在将朋友做到好友，将好友做到老友，将老友做到挚友，我感到这种情感的不断递进、感情的不断深化，是一种情感之上的精确心理打动。营销需要做到对客户心理的了解和掌握，需要做到读懂客户的心。如果在上面这首诗中将朋友变为客户，那这就是一种优秀的营销职业理念——“客户为书，值得久读；客户如酒，需要细品；客户是诗，必须循韵；客户乃天，一生所求”。

图 3－9 打动人心的四个时刻

营销中的精确心理打动，类似于一种催眠术。催眠术是以人为诱导（如放松、单调刺激、集中注意、想象等）引起的一种特殊的类似睡眠又非睡眠的意识恍惚心理状态，其特点是被催眠者自主判断、自主意愿行动减弱或丧失。催眠时暗示所产生的效应可延续到催眠后的觉醒活动中，这种效果也是营销所希望达到的最高效果。

现在的催眠学理论的最新发展是二层次学说。

第一层次：物质层次——脑神经系统功能。脑神经接受心理暗示后，进行储存、分析后通过神经生物的变化，影响生理活动功能，内分泌和植物神经系统发生相应的变化，诱导催眠状态。

第二层次：个人心理活动的接受情况，主要是心理功能的作用，如暗示。在催眠状态下接受暗示性指示更具作用。

进入催眠状态后，脑内乙酰胆碱（分泌越多活动越浅缓）、多巴胺（分泌越多越振奋）、疲劳素等分泌改变，影响交感、副交感神经的平衡，从而提高人的身体器官的功能；同时受术者对催眠师的指令愿意接受而且能够合作，在催眠师的帮助下改善情绪，调节压力，解开心结，开发潜能。

在此种状态下，人的意识进入一种相对削弱的状态，潜意识开始活跃，因此其心理活动，包括感知觉、情感、思维、意志和行为等心理活动都和催眠师的言行保持密切的联系，就像海绵一样能充分汲取催眠师的指令，能导致这种状态的技术就叫催眠术。①

我们要在营销中通过做到“让一般客户满意，让重要客户惊喜，让黄金客户感动”。对不同的客户实施不同的催眠效果，对待黄金客户的最高境界就是实施“深度催眠”，培养出我们的忠实“粉丝”。当我们准备向客户说是的时候，用心做事的机会就到了；当客户有个性需求时，我们让客户惊喜的机会就到了；当客户有困难需要帮助时，我们让客户感动的机会就到了。通过心理上的打动，首先让客户关注我们——心境上的接受；其次让客户重视我们——意境上的接受；最后让客户信赖我们——神境上的接受。这正如作者看到的一句话中所描述的那样：“至远者非天涯，而在人心；至久者非天地，而是真情；至善者非雄才，而在贤达。唯愿远者近，久者恒，善者共。”

作者有一次去澳大利亚出差，同行的同事中有一位女士衣着讲究、气质优雅，到达悉尼之后，这位女士提出要去各大品牌的专卖店中购物，并邀请作者和其他几位同事陪同。作者由于对女士品牌所知有限，有时对部分品牌也不好评价，一开始想推托，但是突然有了一个发现，就对这位女士说先不用去逛精品店了，因为这位女士本身就是一个精品店。这时这位女士一下子被赞美到了心坎上，马上说别人都没看出来，就是作者看出来了，真是遇到了知己。这位女士就把随行所带的精品一一进行展示，人心被打动之后的愉悦油然而生。

鞋匠的儿子——林肯总统②

当林肯成为美国总统时，整个参议院的气氛有一点尴尬，居然由一个鞋匠的儿子来管理那些非富即贵之人，这让他们有些难以接受。整个参议院的

① 资料来源：整理自 http：//baike. baidu. com/view/328. htm。

② 资料来源：整理自 http：//wenwen. soso. com/z/q109419533. htm。

人都有点被触怒，林肯当总统没有一个人感到高兴。

当林肯在参议院发表他的第一次演说时，有一个傲慢的有产阶级站起来，他说："林肯先生，在你开始演讲之前，我希望你记住，你是一个鞋匠的儿子。"整个参议院的人都笑了，他们想要羞辱林肯。

林肯告诉那个人说："我非常感激你使我想起我的父亲，他已经过世了，我会永远记住你的忠告，我知道我做总统永远无法像我父亲做的鞋子那样好，但如果你的鞋子会磨脚，或者有不合适的地方——虽然我不是一个伟大的鞋匠，但是我从小就跟父亲学到了技术——我可以帮你修修。对参议院里面的任何一个人都一样，如果那双鞋是我父亲做的，而它们需要修理或改善，我一定尽可能帮忙，但是有一件事是可以确定的，我无法像他那么伟大，他的手艺是没有人能够比得上的。"

当林肯想起他的父亲，他的眼泪就掉了下来。这时参议院的气氛一下子严肃了起来，那位挑衅的有产阶级也不再言语。这就是一种心理上的真正强大，也是一种心理上的有效打动。当大家从心理上接受了林肯之后，就不会再因为他出身的问题而产生矛盾。

第四章

知使命，方为儒商：策划+导演

子曰："三人行，必有我师焉：择其善者而从之，其不善者而改之。"

——《论语·述而》

营销的核心是在无路中找到新的发展之路，是在不断打动客户、不断感动客户，是做到各种环境变化下的左右逢源、腾云驾雾。在营销中，舞台是我们自己创造的，我们在不断创造发展的机会、在不断创造发展的舞台、在不断打造自身价值。

营销是精雕细刻、终成大器；营销是做人之上的做事；营销是自我的不断修炼；营销是“善假于物”。在营销中有一段话，是许多营销人员的座右铭——营销最大的优势是自信，自信是克服恐惧的最有效方法；营销最大的特点是创新，不断地突破和打破新的标准；营销最大的收获是成长，在相同的时间内获得最快的最全面的成长；营销最大的期盼是发展，努力攀登新的营销高峰。

第一节　职业品牌就是市场

信誉在市场中是不可挽回的，损人必将损己，所以打造个人品牌就是打造职业价值。营销需要关注每一个细节、需要改善每一个流程、需要提升每一个规范，关键在于“以小见大”。在营销服务中，做到每一个细节让客户满意是最不容易的，而真正打动客户的恰恰是细节服务。

优秀演员＝职业价值＋职业微笑＋职业素质

一、职业修炼

市场是百科全书，实战靠感悟，靠面对市场。营销也是极高的哲学思想在转化过程中的应用，当前中国是一个百家争鸣、百花齐放的状态，在打破已有、创造新生事物的过程中，市场塑造出一批企业家和理论家。在营销中，气质来源于每一次的小成功，长期的喜悦就是气质的场。"身累减心累"的差额就是心情的放松，差额就是一种喜悦。喜悦对身体是有益的修复，喜悦的心理支撑将从眼神中释放出来，心情的积极快乐就是一种延年益寿。

营销中个人魅力的基础是不断的职业修炼。30 岁，打造的是你是什么，这是个人职业素养的修炼；40 岁，打造的是你做过什么，这是个人职业价值的修炼；50 岁，打造的是你在社会上的影响力，这是个人职业品牌的修炼。美国前国务卿鲍威尔有几句话是对个人修养的很好描述：

急事慢慢说，
大事当小事来说，
小事幽默地说，
没把握的事想清楚再说，
做不到的事不乱说，
伤害人的事坚决不说，
没有发生的事不要胡说，
别人的事谨慎地说，
自己的事怎么想就怎么说，
现在的事做了再说，
未来的事未来再说。

营销要"取悦于客户、取信于客户、取利于客户"，做到符合 5 个标准：①让客户感到受重视；②让客户感到被理解；③让客户感到受欢迎；④让客户感到舒适；⑤让客户感到专业。这就需要在营销中做到"三用"：①用脑去工作，这是一种高智商；②用激情去工作，这是一种高情商；③用智慧去工作，这是一种高逆商。在营销中，要把工作当成"艺术品"，每次做的都要比上一次好，这就是一种学习力，这就需要不断总结、不断改进、不断提高。

热情、微笑、自然是我们打造个人职业品牌、赢得客户赞誉的三大法宝：热情，是奉献给客户的一杯暖茶；微笑，是回报客户的无形礼品；自然，是与客户沟通的高速公路。

二、职业思考

什么叫职业思考？就是想明白、想清楚、想周全。营销也是“多算胜，少算不胜，何况无算乎？”营销尽管是一门实战学问，但是也需要在若干假设下进行模拟，这虽然类似于“纸上谈兵”，却是必不可少的一个步骤，正所谓“谋定而后动”。

在营销中，需要注重时间管理。人的成本是最大的成本，人的成本又最大限度地受制于有效的作业时间，选择最值得做的事去做，这就是时间管理。在有限的时间内，怎么样和客户交往，这就是一种职业感觉。做营销很像是解数学题，是一个步步深入的过程，这也是职业感觉逐步培养的过程：①茫然，不知从何下手，这是刚入道的职业感觉；②发现营销并不是神秘的，有了一定的职业感觉；③只要努力，并不比别人差；④应对自如，找到了职业感觉。

每个人在营销中的职业定位不同：有人立志做雄鹰，希望自己能够占领制高点；有人满足天鹅，希望自己飞得比一般人高就行；有人自暴自弃地做一只菜鸟，想要飞也飞不高（见图4－1）。有什么样的梦想就有什么样的人生，有什么样的追求就有什么样的结果。

图4－1　职业梦想

我们要持续打造不可替代、不可超越、不可复制、不可多得、不断给自己提出新要求的职业竞争优势。不知命，无以为君子，营销就是要有发展关系的能力，有能够给客户带来更高价值的能力，有与高层交往的能力。

老板要在客户中建立信心、培养信任、证明能力，通过自己的职业魅力达成一个理想的结果。在客户方面，老板要做到“盯住头回客、跟进客回头、超越终身客户、关心回头客”（见图4－2），这是老板职业魅力的最终体现——将头回客变成终身客户，将陌生人变成知己。

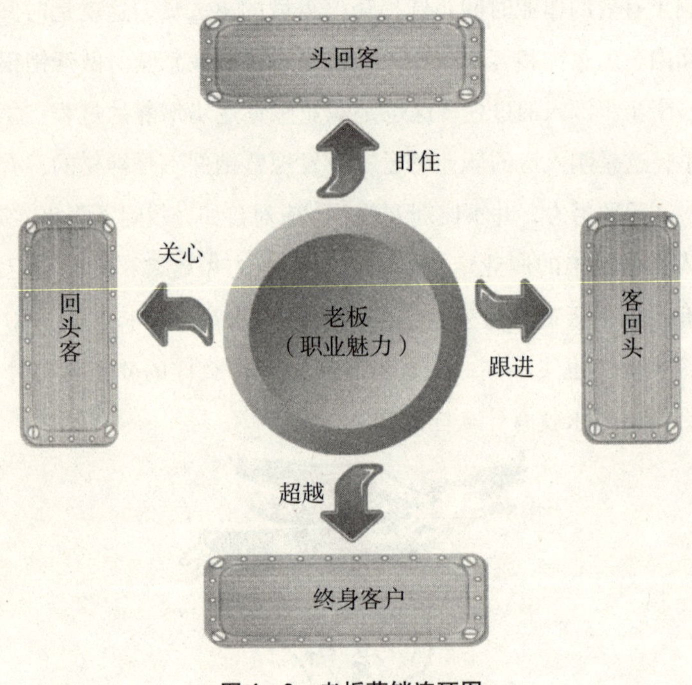

图4－2　老板营销连环图

三、职业执行力

在老板职业品牌的打造中，要做到“做天下事，用天下人；事业决定用人，用人折射事业”。老板的魅力不但体现在自己身上，还要体现在整个团队的集体合作中。一个团队的执行力的保证，关键在于“出头鸟先遭殃”还是

“出头鸟先受益”。传统文化会造就“四夫”：勇夫变懦夫，懦夫变病夫，病夫变老夫。

员工一开始是一心想报效企业，这就是勇夫。但在传统文化下出头鸟先遭殃，这一下子就把勇夫变成了懦夫。在企业里，懦夫是心累而不是身累，他们做每一件事都要看看周围人的态度，不敢冒进也害怕受到其他同事的排挤，过上几年以后，这个人就变成了病夫，再过若干年就成了老夫。这就是传统文化影响下的一个死循环，也是营销中团队执行力的桎梏所在。老板要打造职业品牌，就要改造文化，建立一种市场化的文化与机制，做到“1+1>2”的战略预期效果。《三国演义》中有一个故事，曹操派张辽、李典、乐进三个人守合淝，本来三人素来不合，但到最后在张辽豪爽性格的影响下，三人还是做到了齐心合力，这既是三人胸怀的体现，也是张辽个人职业魅力的体现。

三将守合淝①

吴国攻下皖城后，又准备逼合淝。曹守将张辽、李典、乐进由于平时不和睦，在讨论破敌策略时没有共同的意见，当时的形势非常紧张。关键时刻曹操遣人送来一个木匣，引出三将军齐心协力守合淝，张辽威震逍遥津的精彩一幕。

至次日，孙权起兵进取合淝，三军尽发。张辽为失了皖城，回到合淝，心中愁闷。忽曹操差薛悌送木匣一个，上有曹操封，傍书写道：“贼来乃发。”是日报说孙权自引大军，来攻合淝。张辽便开匣观之。内书道：“若孙权至，张、李二将军出战，乐将军守城。”张辽将教帖与李典、乐进观之。乐进说：“将军之意若何?”张辽说：“主公远征在外，吴兵以为破我必矣。今可发兵出迎，奋力与战，折其锋锐，以安众心，然后可守也。”李典素与张辽不睦，闻辽此言，默然不答。乐进见李典不语，便说：“贼众我寡，难以迎敌，不如坚守。”张辽说：“公等皆是私意，不顾公事。吾今自出迎敌，决一死战。”便教左右备马。李典慨然而起曰：“将军如此，典岂敢以私憾而忘公事乎？愿听指挥。”张辽大喜曰：“既曼成肯相助，来日引一军于逍遥津埋伏；待吴兵杀过

① 资料来源：整理自《三国演义》第六十七回，罗贯中著。

来，可先断小师桥，吾与乐文谦击之。”李典领命，自去点军埋伏。

在拆开木匣后，张辽坚决执行曹操以攻为守的指令，表示自己亲自出击，要和来敌决一死战，这表现了他豪迈的气概。李典素与张辽不和，对于张辽的意见原是默然不答，后为其行为所动，立即表示愿意听从指挥，反映了公而忘私，勇弃前嫌的豪爽性格。乐进本为中间性格，有些怯战，但看到张、李二人的态度，也就顺势而为。张辽的个人魅力在李、乐二人心理的变化中起到了关键作用。

第二节　客户推荐就是你的通行证

阿基米德说："给我一个支点，我能撬动整个地球。"这句话本来无可厚非，但是在现实中可能没有人会去主动给我们提供这个支点，要么我们自己去创造一个支点，要么我们去借用一个支点。创造一个支点去撬动地球的人，这是一个强者；借用一个支点去撬动地球的人，这是一个智者。

当我们不断感动客户，不断为客户创造惊喜，我们在客户中的分量就会不断增强，我们就造就了与客户利益趋向的一致，这时客户都会为我们筹谋，这就是贵人相助。营销的3个关键：巨人的肩膀带来的高度；贵人的金手指出的方向；名人的金口给予的推荐（见图4－3）。如果将营销比做烧开水的话，靠己之力将水从0℃烧到100℃需要耗费大量的资源和时间，通过"推荐"的策略，借人之力就可以将水从0℃烧到80℃，再凭己之力将水从80℃烧到100℃，这样就只需要耗费20℃的资源（见图4－4）。推荐，是营销中的"事半功倍"。

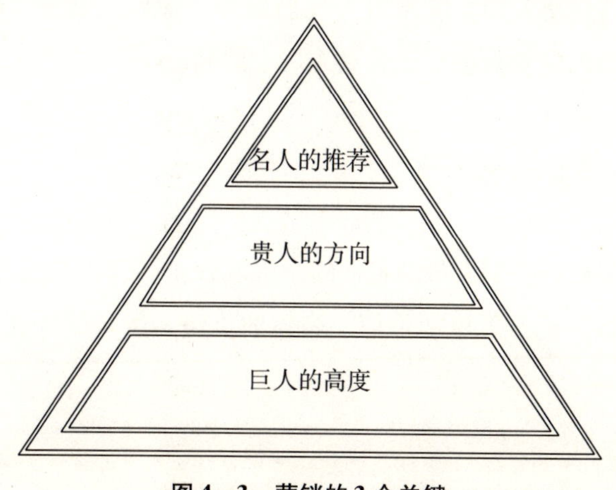

图4－3　营销的3个关键

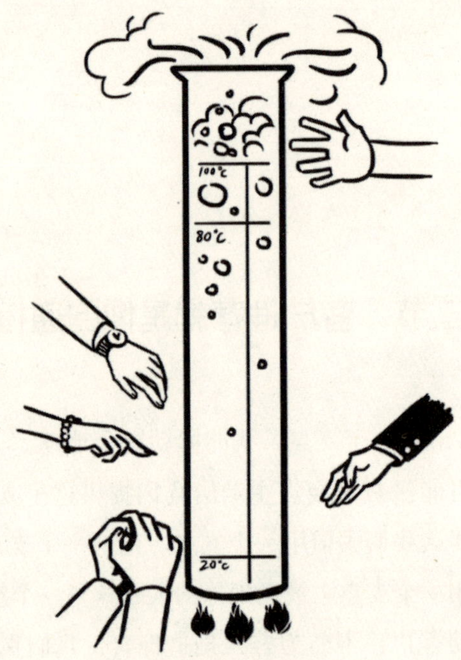

图 4－4　借势而为

在市场经济中，能够运用外部环境的人，是快速进步的人。营销就是把一棵小树变成一棵大树，进而变成一片森林。要创造别人对我们的推荐，就必须创造被别人重视的价值。首先，创造为别人服务的价值。营销的首要秘诀就是要有一技之长，这是与人交往的核心成功点。其次，创造别人愿意被利用的价值，这是使人心甘情愿地为我们服务。最后，创造“既被用，也运用”的双重叠加的复合价值，这是利人之上的利己。

一、贵人相助的基辛格①

营销就是创造一个别人帮助我们的条件和理由。营销是三种价值的叠加，是整体价值的最大化：思想的价值、表述的价值、逻辑的价值。营销正是因

① 资料来源：整理自 http：//baike. baidu. com/view/102588. htm？ subLemmaId = 102588&fromenter = % BA% E0% C0% FB% 26% 238226% 3B% B0% AC% B6% FB% B8% A5% C0% D7% B5% C2% 26% 238226% 3B% BB% F9% D0% C1% B8% F1。

为不确定才有机会，所以有规划才有发展，有创新才有跨越，有蓝图才有未来。

亨利·艾尔弗雷德·基辛格，1923 年 5 月 27 日出生在德国费尔特市的一个犹太家庭，1938 年为逃避纳粹对犹太人的迫害，随父母迁居纽约。基辛格到美国后，父母把他送进了华盛顿高级中学读书，当时基辛格的最大愿望是毕业后做一名会计师，但是最终成为美国国务卿，成为一代伟大的外交家。

除了基辛格自身过人的天赋与才能、工作狂般的旺盛精力之外，基辛格巧遇的几位人生导师与资助者在他成为叱咤风云的世界外交政治家过程中，发挥了重要作用，这正是“自助者他助”。

1. 导师弗里兹·克雷默

克雷默拥有德国歌德大学的法学博士学位和罗马大学的政治学博士学位，是一个对欧洲思想文化有很深造诣的学者。正是在克雷默的指导、培养、扶持之下，基辛格初露锋芒。此时，基辛格不再对成为会计师心驰神往。

2. 导师卡尔·弗里德里希和威廉·埃利奥特

1947 年秋季，根据克雷默的推荐，基辛格进入哈佛大学开始了学术之路。在这基辛格思想最终形成的时期，两位哈佛政府系教授对基辛格产生了重大影响。卡尔·弗里德里希和威廉·埃利奥特是政府系的两位大牌教授，他们对基辛格思想的形成起到了决定性的作用。

1951 年，在埃利奥特帮助下，基辛格担任了哈佛国际讲习班的执行主任，这个讲习班旨在将那些在各自的国家即将登上领导职位的外国年轻人聚集在一起。在为期 6 周的时间中，基辛格成为好几位未来外国政治家的指导老师，与他们建立了宝贵的联系。

1952 年 3 月，也是在埃利奥特帮助下，基辛格成为《合流》杂志的主编。1954 年，基辛格获得了博士学位。哈佛求学的经历奠定了基辛格一飞冲天的基础。

3. 资助人纳尔逊·洛克菲勒

1955 年，基辛格成为对外关系委员会核武器与对外政策研究项目的主任，在完成研究项目期间，基辛格结识了纳尔逊·洛克菲勒，双方建立了非常密切的朋友关系。此后，基辛格担任洛克菲勒的对外政策顾问，他因此更深层次地进入到美国外交权势集团的圈子之内。

4. 贵人理查德·尼克松

1968 年尼克松赢得总统大选之后，邀请基辛格担任他的国家安全事务助理，把基辛格送上了世界外交舞台，使基辛格的外交才能有了发挥的地方。基辛格曾说：“我所做的一切之所以可以实现是因为他（尼克松）使我有了去做这些事情的机会。”

二、营销大师原一平①

有这么一句话，形象地表示了别人帮你的时候的真实心理：“帮人就像填坑，如果只差一锨土，谁不填？如果填都填不满，谁会填？”所以，永远都是“自助者他助”，要想贵人相助，首先是要自助。要获得贵人的推荐，还要学会注意和尊重客户周围的每一个人，不要只关心领导和业务主管。往往有参谋权的那个关键人物，就在我们身边，而且可能是个不起眼的小人物，但他一定能成事也能败事，所以一定要学会记住这些小人物的名字。

人是强大的，也是脆弱的，要想获得对方的推荐，就要真正从心里打动对方。打动人需要情、义、道，就是要首先符合对方的利益、符合对方的需求模式、给对方带来精神变物质的力量、给对方带来振奋、带来美好的蓝图的确定。市场经济是创造最优秀的人才，营销就是运用外部资源，与战略相互继承。

1930 年 3 月 27 日，27 岁的原一平揣着自己的简历，走入了明治保险公司的招聘现场。原一平“斗胆”许下了每月推销 10000 日元的诺言，但并未得到主考官的青睐，勉强当了一名“见习推销员”。没有办公桌，没有薪水，还常被老推销员当“听差”使唤。在最初成为推销员的七个月里，他连一分钱的保险也没拉到，当然也就拿不到分文的薪水。为了省钱，他只好上班不坐

① 资料来源：整理自 http：//baike. baidu. com/view/624868. htm。

电车，中午不吃饭，晚上睡在公园的长凳上。

1. 偶遇贵人

他依旧精神抖擞，每天清晨5点起床从“家”徒步上班。一路上，他不断微笑着和擦肩而过的行人打招呼。有一位绅士经常看到他这副快乐的样子，很受感染，便邀请他共进早餐。尽管他饿得要死，但还是委婉地拒绝了。当得知他是保险公司的推销员时，绅士便说：“既然你不赏脸和我吃顿饭，我就投你的保好啦！”他终于签下了生命中的第一张保单。更令他惊喜的是，那位绅士是一家大酒店的老板，帮他介绍了不少业务。

2. 争取贵人

1936年，原一平的推销业绩已经名列公司第一，但他仍然狂热工作，并不因此满足，他构想了一个大胆而又破格的推销计划，找保险公司的董事长串田万藏要了一份介绍日本大企业高层次人员的“推荐函”，以便大幅度、高层次地推销保险业务。因为串田先生不仅是明治保险公司的董事长，还是三菱银行的总裁、三菱总公司的理事长，是整个三菱财团名副其实的最高首脑。通过他，原一平经手的保险业务不仅可以打入三菱的所有组织，而且还能打入与三菱相关的最具代表性的所有大企业。

等了几天，终于接到了约见通知，原一平兴奋不已地来到三菱财团总部，层层关卡，漫长的等待，把原一平的兴奋劲耗去大半。他疲乏地倒在沙发里，迷迷糊糊地睡着了。不知过了多长时间，原一平的肩头被戳了几下，他愕然醒来，狼狈不堪地面对着董事长。串田大喝一声：“找我什么事?”还未清醒过来的原一平当即被吓得差点说不出话来，想了一会儿才结结巴巴地讲了自己的推销计划，刚说：“我想请您介绍……”就被串田截断：“什么？你以为我会介绍保险这玩意儿?”

原一平来前曾想到过请求被拒绝，还准备了一套辩驳的话，但万万没有料到串田会轻蔑地把保险业务说成“这玩意儿”。他被激怒了，大声吼道：“你这混账的家伙。”接着又向前跨了一步，串田连忙后退一步。“你刚才说保险这玩意儿，对不对？公司不是一向教育我们说：‘保险是正当事’吗？你还是公司的董事长吗？我这就回我的公司去，向全体同事传播你说的话。”原一平说完转身就走。

一个无名的小职员竟敢顶撞、痛斥高高在上的董事长，使串田非常气愤，但对小职员话中"等着瞧"的潜台词又不能不认真思索。

原一平走出三菱大厦，心里很不平静，他为自己的计划被拒绝又是气恼又是失望，当他无可奈何地回到保险公司，向部长说了事情的经过，刚要提出辞职，电话铃响了，是串田打来的，他告诉部长刚才原一平对自己恶语相加，他非常生气，但原一平走后他再三深思。串田接着说："保险公司以前的约定确实有偏差，原一平的计划是对的，我们也是保险公司的高级职员，理应为公司贡献一分力量帮助扩展业务。我们还是参加保险吧。"

放下电话，串田立即召开临时董事会。会上决定，凡三菱的有关企业必须把全部退休金投入明治公司，作为保险金。原一平的顶撞痛斥，不仅赢得了董事长的敬服，还获得了董事长日后充满善意的全面支援，他逐步实现了自己的宏伟计划：3 年内创下了全日本第一的推销纪录，到 43 岁后连续 15 年保持全国推销冠军，连续 17 年推销额达百万美元。

原一平所遇到的这两位贵人，第一位是被他的乐观精神所打动，可以说是有了恻隐之心，第二位是被他的认真精神所打动，所以认真思考之后给予了他帮助。原一平所受到的贵人帮助，都是他自己所争取来的，并不是别人的施舍，这才是营销中"推荐制"的核心，自助之上的他助。作者有一首小诗，是对朋友的帮助的真实感受。

我们要做这样的人
我们就是山上那棵小树
我们就是迎着太阳升起时
敢于引吭高歌的那个人
我们非常渺小
我们又非常的幸运
因为在我们奋起的背后
有着像巨人、像高山、像太阳
一样的朋友的帮助
为我们托起一片蓝天

第三节 提升自己，融入更高的舞台

什么叫幸福与追求？孔子在62岁时，曾这样形容自己："其为人也，发愤忘食，乐以忘忧，不知老之将至云尔。"这就是一种追求，一种不断提升自己融入更高舞台的追求。营销，需要这种持续的学习力和提升力。作者非常喜爱陆游的一首诗，这首诗反映了一种对事业、对学问执著追求、精益求精的精神。

冬夜读书示子聿

陆游

古人学问无遗力，少壮工夫老始成。
纸上得来终觉浅，绝知此事要躬行。

一、终生学习

劝君日后倍努力，点点滴滴积光辉。营销就是不断给对方提供他所需要的价值，创造出产品硬价值之外的个人软价值，给对方提供最大化的综合价值。主流客户就是我们最好的导师，把客户当成是朋友和导师，这是营销的"双本位制"，也是战略客户给我们带来的巨大价值。

要持续地为对方创造价值，就要持续地学习，实现三个创造：创造别人愿意接受你服务的能力；创造别人乐于接受你服务的能力；创造别人对你服务能力的高度认同。我们处在一个不进则退，甚至是前进得慢都是落后的时代，比他人的学习能力更强和悟性更高，是我们保持竞争优势的关键。孔子曰："三人行，必有我师焉。择其善者而从之，其不善者而改之。”

提升学习能力，最重要的是要在实战中学习，在战争中学习战争。书本上的知识，很多已经过时，市场是最好的老师，运用知识与发挥知识是一种新的学习能力。学习的底线是向书本学习，这是过去时；学习的中线是解决现有问题，这是现在时；学习的上线是思考与应对未来可能面临的新问题，这是将来时。

送安敦秀才失解西归

苏轼

旧书不厌百回读，熟读深思子自知。
他年名宦恐不免，今日栖迟那可追。
我昔家居断还往，著书不复窥园葵。
朅来东游慕人爵，弃去旧学从儿嬉。
狂谋谬算百不遂，惟有霜鬓来如期。
故山松柏皆手种，行且拱矣归何时。
万事早知皆有命，十年浪走宁非痴。
与君未可较得失，临别惟有长嗟咨。

在市场中，有“八养”的存在：①佛养心；②道养行；③学养德；④诚养誉；⑤礼养和；⑥动养身；⑦天养地；⑧古养今。读书是学习，实践也是学习，而且是更好的学习。创新是学习的最高境界，真正的学习是修行和修炼。孔子曰：“学而不思则莽，思而不学则殆。”创新的来源是悟，而悟来源于见识，这正所谓是“读万卷书，行万里路，交万人友，结万硕果。”真正的将军只有在战场中才会造就，而不会产生在书本中，美国的巴顿、英国的蒙哥马利、德国的隆美尔都是在战争中造就的“军神”。同样，真正的企业家、真正的营销大师也只有在市场经济中才能够造就。

二、培训营销

在营销方式同质化的今天，如何能够创造出一种差异化营销，是给客户

创造价值的关键。本书作者在多年的营销实战中，践行着“培训营销”这样的一种市场营销模式，采取了事半功倍的营销效果。

在培训营销中，看起来这与企业营销不相关，但是有着内在关系，是一种以迂为直的营销方式。例如，一个身价有几个亿的民营企业老板对我说：“别的行长来，我是礼节式应酬，但是咱们不同，咱们是朋友，我要叫你王老师。并且，我真想把你头脑的知识给榨出来。”这就是在为企业创造真实价值之后，企业老板的真实认同。当创造了客户看得到、感受得到的价值之后，即使我们的业务仍然处在同质化上，我们也赢得了主动权。

《淮南子·说山训》：“良医者，常治无病之病，故无病；圣人者，常治无患之患，故无患。”培训是一种改造思想、解放思想、统一思想的结合，能够帮助企业做到“内有动力、外有压力、综合有机制活力”，帮助企业做到“小投入，大产出；早投入，早产出；快投入，快产出”。培训是发展生产力，机制是解放生产力，实战是检验生产力，团队是放大生产力，卓越是期望生产力，环境是造就生产力。

给企业进行培训，对作者来说是借助老板的力量，形成一种对大家的先入为主的印象，便于以后业务的顺利开展，可以说是“狐假虎威”。对老板来说，借助作者的嘴起到了统一思想的作用，可以说在一定程度上作者起到了“军棍”的作用。通过给老板创造统一内部管理的价值，作者能够顺利地融入到企业中去，并且由于是从老板开始获得了认同，也就起到了营销中自上而下、事半功倍的战略效果。

三、关联营销

当今企业之间的竞争，不是产品之间的竞争，而是商业模式之间的竞争。管理学家彼得·德鲁克说道：“建立在商业模式之上的、背后的是什么？是人际关系与心理沟通的竞争。”如果营销链有 10 个环节，成功等于满足 10 个环节，是一个复合的叠加，不是替代，需要同时满足 10 个环节。涉及的层次越多，成功率越低，失败是非常容易的，只要一个环节卡壳就足矣。

在营销中，人既无上限，也无下限。人的底线是全力以赴，上线是乐此不疲。营销要做到4种境界：①披荆斩棘；②突破重围；③另辟蹊径；④化险为夷。在营销中要不断创造舞台、不断创造各种机会、不断创造各种特长，快速从外行到内行，再到专家。营销就是在无路中找到新的发展之路，用解决方案打动客户，用产品价值感动客户，用顾问营销影响客户，最终打造多层次的价值递增关联价值。

保龄宝生物股份有限公司的关联价值打造①

2011年10月28~30日，由济南大学、澳大利亚 Aussino Academic Publishing House、禹城市人民政府主办，济南大学管理学院、保龄宝生物股份有限公司承办的第四届人力资源战略与开发国际会议在山东禹城保龄宝生物股份有限公司顺利举行。作为大会承办方的保龄宝生物股份有限公司是一家以生物工程为主导的上市公司，是国家生物产业基地核心企业。通过这届人力资源战略与开发国际会议的召开，保龄宝生物股份有限公司打造了政府、学校、企业的关联价值（见图4-5）。

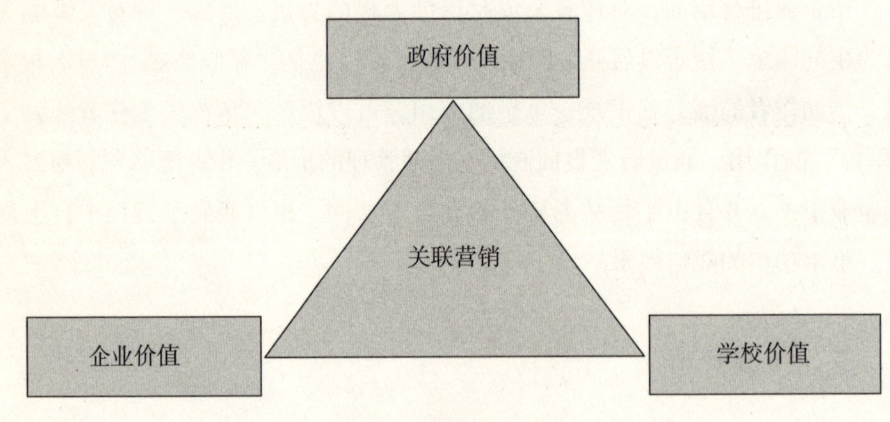

图4-5 营销的资源论

1. 政府价值

当地政府作为这次会议的主办方，向来自全世界的学者、专家展示了当

① 资料来源：整理自 http://www.blb-cn.com/。

地的人文面貌和风土人情，同时也支持了当地企业的发展，起到了很好的正向宣传作用。

2. 学校价值

学校作为会议的召集者和主办者，借助企业提供的舞台，举行了一次成功的国际学术交流会议，既提高了学校的国际知名度，同时也为企业带来了很好的宣传。

3. 企业价值

企业出资承办了这次会议，向来自全世界的知名专家学者展示了企业的文化风貌和生产建设，既是一次成果展示会，也是一次高层交流会，起到了一举多得的作用。

第五章

构建你的目标客户圈：导演 + 演员

子曰："兴于诗，立于礼，成于乐。"

——《论语·泰伯》

曹操："夫英雄者，胸怀大志，腹有良谋，有包藏宇宙之机，吞吐天地之志者也。"老板的职业生涯，取决于他为别人创造价值的能量，取决于他持续为社会创造财富的能量。在营销中，老板同样需要"大志+良谋"，基于这样的思想来打造企业的未来事业，打造自身的职业角色。

老板的营销既是个人的营销，也是团队的营销。个人不是完美的，但是可以组合成一个完美的、有战斗力的团队。在一个团队中，要利用人员的专业化和团队的合作化来进行营销资源的系统配置（见图5-1）。专业化是系统的基础，可以做到爱一行、干一行、专一行、精一行；团队是专业差别、岗位关联、协同合作的有效系统，可以做到1+1>2的协同效果。

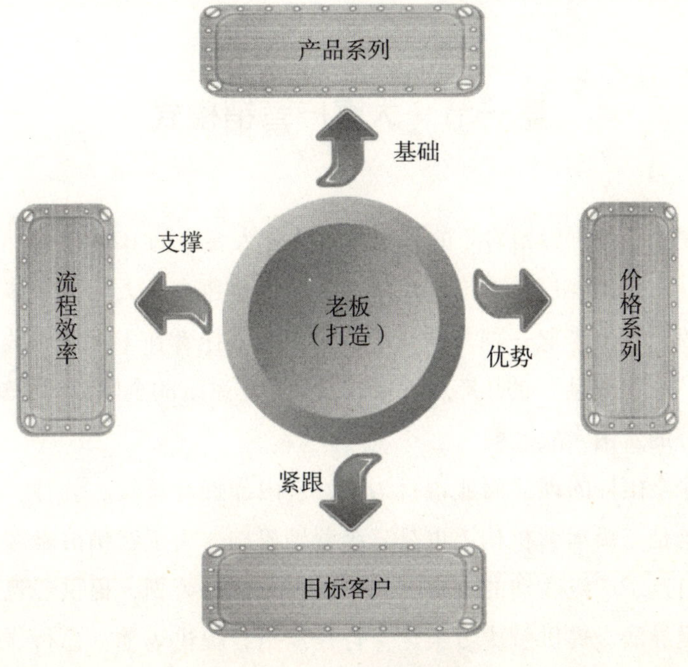

图5-1　老板的营销

产品系列，这是营销团队为客户创造的基本价值，是竞争优势的基础。无论是在营销产品还是在营销服务，产品价值都是营销的基本价值。

价格系列，这是营销团队为客户创造的竞争价值，是竞争优势的关键。当产品和服务具备了基本的价值优势的时候，就要力争去获得价格优势。

流程效率，这是营销团队为客户创造价值的内部支撑，是竞争优势的支撑。只有具备了内部的效率优势，实现了内部效率高于外部效率，才能做到一切以客户的需求为中心，应客户的需求变化而及时变化。

目标客户，这是老板和团队打造营销价值的对象。目标客户怎样获得，怎样提升产品的市场占有率与市场的销售份额，这是营销的核心所在。只有拥有客户，营销的各项价值才能得以体现，正如孔子所说：“不患人之不己知，患不知人也。”

老板在营销舞台的打造与成长过程中，最重要的还是要看自身的修行与道行。老板在职场、商场、朋友场中为他人创造价值的真诚以及厚德载物的德行，是老板德行天下的根基。

第一节　大客户营销模式

在营销中，根据营销对象的不同可以分为大客户的 B2B 模式和小客户的 B2C 模式，由于大客户具有内部层级多、内部角色多、人际关系多、牵涉利益多等特点，必须采取一种关联式的营销。本书作者在多年的实践中，一直采取的是“三级联动”的战略营销模式，并在本系统的全国范围中进行推广，收到了很好的营销实战效果。

以一家全国性的现代商业银行为例，它内部拥有总行、分行、支行三级机构，这既是三级运营机构，也是三级营销机构。为了营销战略客户，银行在内部就打造了三级联动的有效营销模式：总行是策划，提供宏观信息和产品；分行是导演，提供解决方案；支行是演员，提供表演。总行、分行、支行的关联协同行动，就是三级联动（见图 5 – 2）。

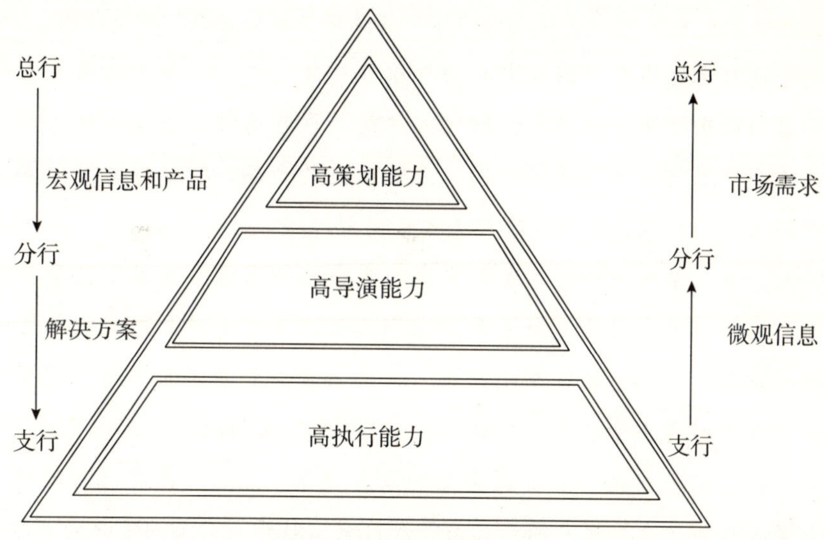

图5-2　三级联动模式

通过总行的高设计能力、分行的高导演能力、支行的高执行能力，打造一个专业、高效、可操作的新流程：对内是上下利益趋向一致，保证内部信息传导速度；对外是持续引领市场变化，保证市场变化反应速度。三级联动打造了总行的顶层设计能力；分行的系统导演能力；支行的精准营销能力。

一、战略客户的顶层营销

战略客户的营销是一个客户价值叠加的过程，是客户关系价值（当然这也考虑到客户关系周期的变化）、产品和服务的综合价值、系统优化的技术支持等价值的叠加。在战略客户的营销中，对方内部也包括高层、中层、底层三级关联价值，所以要实现事半功倍的营销，就要采取顶层营销，达到事半功倍的战略预期效果。下面是作者的一位朋友讲述的一个真实的营销案例，这个案例中顶层营销展示得淋漓尽致。

顶层营销的事半功倍

2005年，我们的一个战略客户正处于上市的关键时期，此时为了帮助我们的客户快速发展，我们帮助它来营销它的战略客户——某大型国际建筑承包商。

我们在营销中一直坚持“帮助我们的客户就是帮助我们自己”这条原则。

这家建筑承包商是中国最大的海外承包建筑商之一，每年需要大量的重型卡车进行运输作业。这样我们的大客户就与承包商的董事长进行了前期沟通，由于我们客户的产品是国内同行业中顶尖的产品，所以得到了对方董事长和相关主管的认可，从招标阶段进入了议标阶段。

此时，我们系统的领导、我们客户的董事长一同前往北京会见承包商的总经理，总经理因事外出，大家就都回到宾馆。半个小时之后我们与总经理秘书取得联系，得知总经理刚刚回来。我们与客户的董事长沟通，董事长当场表示“客户就是上帝，马上去拜访”，这是我们见到的将“客户就是上帝”这样一句话落实到行动、落实到实处的最大领导。经过真诚有效的沟通，建筑承包商也认可了我们客户的产品质量和价格，最终同意采购客户的产品。

但是，后来意想不到的事情发生了。我们客户的竞争对手由当地政府的最高领导和当地的老干部亲自出面帮助营销，直接去面见了承包商所在集团的最高领导——集团董事长，最后集团董事长表示同意采购竞争对手的产品，这样我们对客户的这次营销最终功亏一篑。但是，也就是在这次营销中我们真正明白了营销的自上而下是事半功倍，自下而上是事倍功半，永远要找到最关键的决策人。

营销大客户，一定要有好事多磨、一波三折、化险为夷的心理准备。战略客户的营销有 3 个核心点：①谋势在智；②乘势在机；③顺势在利。在战略客户的内部，找到各种内部职业角色的价值，如信息的传达者、决策的参谋者、关键的决策者，这都是需要在营销之前弄明白的，也只有这样才能保证营销的直接有效，避免走弯路。在与内部人的沟通中，要做到人的价值不可“貌相”，不可按职位价值对人进行简单评判。

对大客户的营销，谋求的是企业价值的总体价值，是长久的战略价值，只有这样才能避免只见树木（谋求单一价值）、不见森林（谋求综合价值）。我们拥有什么样的客户，我们就是一家什么样的企业，是客户群决定了我们的经营特点与赢利模式。我们在市场竞争中能走多远，取决于我们与谁同行。在战略客户的营销中，要注重对社会学、关系学、审美学、心理学、经济学、

机会学的综合运用，实现成功所需要的全过程控制：①需要一个“关系链”的保证；②需要“内外关系链”的打造；③需要有推动“内外关系”的能力（见图5-3）。

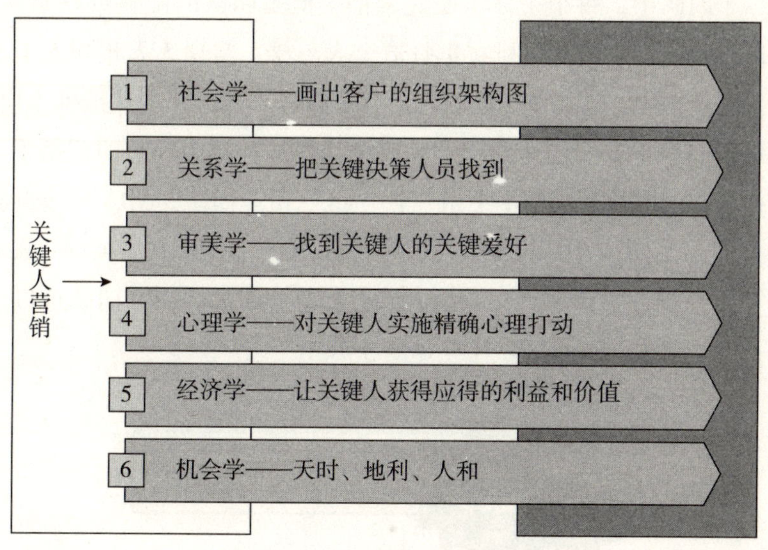

图5-3 关键人营销

（1）社会学——这是指画出一张客户的组织架构图，从这张组织架构图中找到客户内部人员的表层关系。

（2）关系学——在组织架构图之外，通过内部关系人，获得一种真实的人际关系图，从这个关系图中找到关键决策人员。

（3）审美学——找到关键人之后，就要发现关键人的关键爱好，做到营销的有的放矢。

（4）心理学——首先对关键人实施心理营销，让对方能够愉悦地接受自己，尤其是在陌生人之间，这种情感上的接受是营销的第一步，没有这一步后面的利益营销根本无从谈起。

（5）经济学——营销的原则就是让帮助我们的人不会受损，也就是给对方一个帮助我们的理由，只有这样双方的合作才能长长久久。

（6）机会学——营销是天时、地利、人和的关联组合，机会学是营销成功的关键。

二、三级团队的有效打造

在一个团队中，每个个体不是完美的，但是团队的配置可以是完美的。三级团队就是既打造团队英雄，也打造个人英雄，实现3人相加大于3的团队效果。在营销中，有一个团队理念：只有合作，我们才能从地狱走向天堂。这就要求我们在小客户的营销中，采用单兵作战；在中客户的营销中，采用小组作业；在大客户的营销中采用“铁三角”精英团队。NBA的传奇教练菲尔·杰克逊，在NBA中得以率领团队获得10个总冠军，其中关键一条就是他创造的“三角进攻”模式。每个个人的力量是有限的，但是团队可以放大个人的力量，这就像一个乐队一样（见图5-4）。

图5-4 乐队的配合

1. 团队的创新力

三级联动的实施需要三级团队的修炼作为基础，三级团队的修炼就是要做到营销圈的广度、业务圈的深度、服务圈的精度、信息圈的准度。只有营销圈足够广，三级联动才能有客户基础，这里重在一个通字；只有业务圈足够深，三级联动才有必要，这里重在一个谋字；只有服务圈足够精，三级联动才能做到事半功倍，这里重在一个情字；只有信息圈足够准，三级联动才能做到有的放矢，这里重在一个快字（见图5－5）。

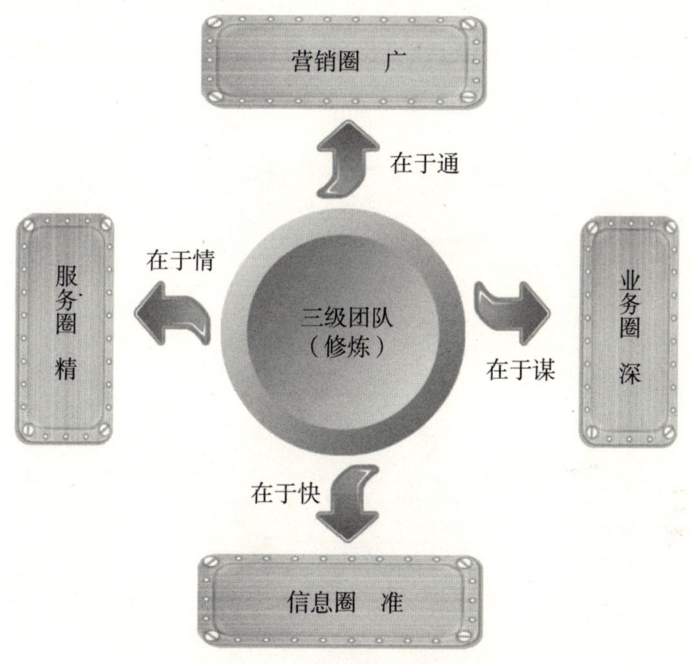

图5－5　三级团队修炼

在团队建设中，要将每个人的专有特长转化成团队的优势组合，打造组合优势的特长，构成“铁三角”模式的综合优势。通过组合优势的打造，形成团队建设的一首歌、一盘棋、一条心、一股劲、一台戏。要打造具有战斗力的三级团队，就要对团队建设做到：熟知每位成员的优势、知晓每位成员的劣势、规避团队建设中的威胁、把握团队建设中的机会。

营销的竞争是创造力的竞争，有时机会只有事后评估才会感觉到，而当时是不知道的，这就是“人在事中迷”。市场中的机会处处都有，关键是能不能发现这个机会。营销如果不具备创造力，将很难达到上善若水的境界。营销的创新能力是企业的竞争力源泉，营销的职业价值就体现在不断满足客户新的需求的价值能力。营销困难越大，有才能的人越能脱颖而出，正如在战争最激烈的时候，要把一线的指挥权交给能听到炮火的人。

在大客户的营销中，要做到战略创新，只有持续创新才能够引领市场竞争。企业分为不同层次：底层企业是看不懂对方的竞争模式；中下层企业是看得懂对方的竞争模式但是做不了；中层企业是能够模仿对方的竞争模式；中上层企业是对对方的竞争模式能够做一定的改变；上层企业是对竞争模式进行原创。不同竞争模式下的企业可以划分为4种类型：出局型企业、追随型企业、挑战型企业、领导型企业，如图5－6所示。

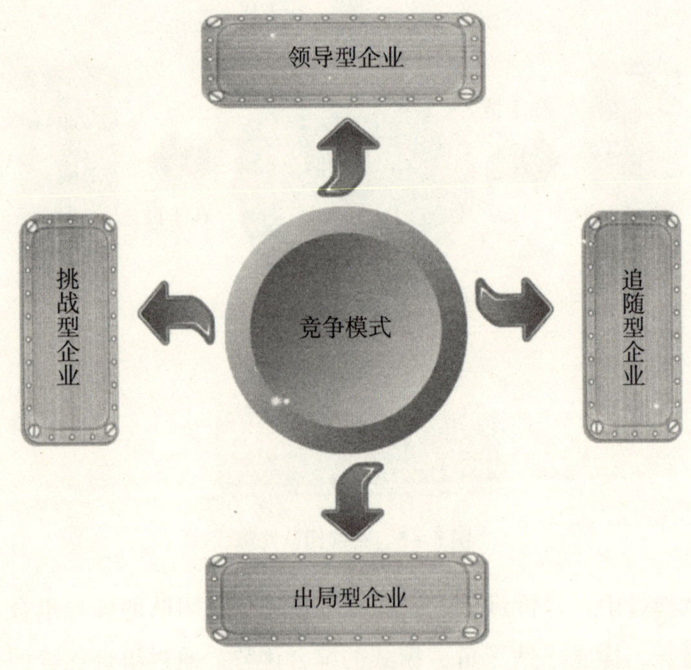

图5－6　竞争模式创新

第一种是出局型企业。这种企业在竞争中对自己的竞争模式不能知己，对其他竞争对手的竞争模式不能知彼，对未来市场环境变化也不能预知。

第二种是追随型企业。这种企业在竞争中对自己的竞争模式能够做到知己，但是对其他竞争对手的竞争模式不能知彼，对未来市场环境变化不能

预知。

第三种是挑战型企业。这种企业在竞争中对自己的竞争模式能够做到知己，对其他竞争对手的竞争模式能够知彼，但是对未来市场环境变化不能预知。

第四种是领导型企业。这种企业在竞争中对自己的竞争模式能够做到知己，对其他竞争对手的竞争模式能够知彼，对未来市场环境变化能够预知。

2. 团队竞争力

作者有个朋友为企业创作企业歌，这是一个很复杂的程序。比如，这个音符适合大提琴，那个音符适合小提琴，分工非常明确。这样，在一部乐曲里，每个乐器都把最优美的音符表达出来，实现最佳配置。而任何单个乐器，都达不到这种最佳效果。所以，团队就如同一个乐队，在机制的引导下实现最佳的演奏效果。

三级团队竞争力 = 人才群体 + 高水平的职业道德 + 先进的企业文化 + 先进的市场机制（用人 + 分配机制） + 先进的设备和技术

道生一，一生二，二生三，三生万物。营销就是一个点的变化，必然会影响到一个链的变化；一个链的变化，必然会影响到一个网的变化；一个网的变化，必然会影响到一个域的变化。一个微弱的变化会对一个“系统链”构成连锁反应。

营销中必须能够创造团队的生产力。任何一场成功的演出，都需要一流的乐章、一流的指挥和一流的乐团演奏，这是一种各因素之间的复合叠加。可以说，在企业的团队中每个个体都是半成品，只有团队才是成品。要实现三级联动，就要建立一种市场化的团队机制。市场打造人才，机制激励人才，岗位锻炼人才，业绩检验人才，专家培养人才。对一家企业而言，员工的团队价值决定了客户类型和客户价值。团队价值的发挥需要市场化的团队机制作为保障，这就要求在客户关系开发和维护中，企业要与战略客户建立一种长期的战略关系，做到相互信任前提下共同分割市场，这其中的核心是共赢。

不管营销怎么变，唯一不变的就是每个人都要给别人创造价值，带来更高的价值。无论是谁来了，都要创造价值，一个员工的作用就在于他创造的价值。企业之间的竞争归根结底是人才的竞争，团队素质的整体提升将使企业获得稳定的团队收益。管理者对核心团队的打造，将在为企业创造出高系统效率和高综合价值的同时，使企业获得综合竞争优势。

营销团队建设的3个目标：①要成为市场化信念、理念以及文化的信仰者，这是竞争行业不变的信念与精神；②要成为商业化机制与模式打造的传播者，这是企业运作的基本法宝与规则；③要成为具体业务上的科学方法研究、探讨的建设者与创新者。营销中团队建设可以是“道＋利”，可以是“仁＋利”，可以是“义＋利”，也可以是“礼＋利”，而最终能够长长久久的是“道＋利”。这正如《道德经》中所说：“同于道者，道亦乐得之；同于德者，德亦乐得之。”道和利正是企业团队建设的两个最重要的驱动力。

经营团队就是经营生产力和竞争力。团队中的每一个员工都蕴藏着创造精神与主动精神，这就是企业的一座金矿。团队的竞争不仅是关键人物的竞争，更重要的是团队综合素质竞争。团队经营将有限资源的竞争，延伸到“以人为本”的无限创造的竞争。团队建设的竞争是战略、执行、人员3个层面的整体系统竞争：战略是上线，是做正确的事；执行是中线，是把事做正确；人员是下线，是用正确的人（见图5－7）。

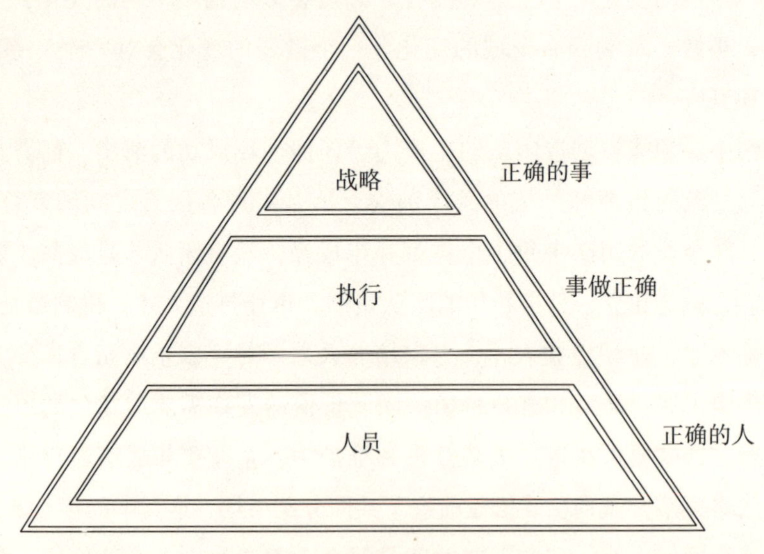

图5－7 团队建设的系统竞争

营销团队建设的六大关键：①一次想全；②一次做全；③一次做对；④第一次就做对；⑤每一次都做对；⑥一次比一次更好。营销团队建设最有效的方法：盯、管、跟。营销团队建设最重要的考核：反复抓，抓反复。营销团队建设最大的收益：团队与企业效益同发展。

营销的三级联动，需要内部系统的强力支持。作为一个组织、一个营销单元，不但要获得外部客户的支持，也要获得自身内部系统的支持，尤其是在国有企业中，这种内部系统的效率支撑对打造市场竞争力非常重要。

三级联动业务创新

2004 年，国家对重型车超载的问题进行集中治理，整个重卡行业的发展前景迷茫，市场形势不明朗。此时，某一重卡龙头生产企业的主办银行是一家股份制商业银行下属二级分行下的一家支行，此时有一笔业务流程复杂，首先要经过二级分行的审批，再经过一级分行的审批，然后才能上报总行。对于战略大客户而言，这样的效率实在太慢，主办银行等不起，客户等不起，市场等不起！

为了支持企业的发展，和战略大客户能够共进退，支行在不认识总行相关人员的情况之下，直接与总行取得联系，进行了电话沟通。令支行意想不到的是，总行一老总第二个星期就来到了企业所在地，实地拜访了企业的相关领导，对企业的实际经营情况进行了考察，回到总行后对该企业的相关业务进行了大力支持。

经过沟通，这家企业主办银行三级联动的业务模式开始形成，并且在后续过程中总行对主办银行的保兑仓业务不断推出简化版本，大大简化了审批流程，加快了业务的开展，使主办银行具备了和其他商业银行进行业务竞争的效率优势。

2004 年下半年，主办银行在总行进行了先进经验介绍。在此次经验介绍之后，异地分行请主办银行去做经验介绍，这样就提高了主办银行在整个系统内的影响力，大大提升了在系统内开展业务的便利程度。

三、竞争文化的机制保障

机制是什么？这里可以用一个小故事来形容：主人有两头驴和两头磨，这两头驴一头是慢驴一头是快驴，主人原来的想法是哪头驴拉磨快就给它一把草吃，哪头驴拉磨慢就用鞭子抽一下，这也算是一种考核激励。但是后来出现了这样一种情况，拉磨慢的驴会叫，于是总在不断地叫，这就导致主人心生怜悯之情，不断地给它草吃，最后这头驴撑死了。那头快驴只会干活不会叫，主人也在不断地给这头驴提高要求，最后不断地鞭打快驴，把快驴给累死了（见图5－8）。机制就是这样，做好了就是激励先进、鞭策后进，做砸了就是慢驴和快驴一起死，什么也没剩下。

图5－8　两头驴的故事

团队考核要解决3个问题：①激情问题；②干劲问题；③凝聚力问题。要实现三级团队建设，就要建立起一种竞争的文化与机制，对于不同层面实

施不同的激励措施。在国外，团队建设20%靠艺术，80%靠科学；在中国，团队建设80%靠艺术，20%靠科学。中国人的思维中，情感的成分很重，所以在机制建设中必须“对事不对人”。但是，如果由企业内部人员来进行考核机制的设计，有时候很容易产生敌对情绪，因为这时候事情本身已经不重要，重要的是事情背后的含义。所以，在机制设计上，企业要学会借助外部力量，例如咨询公司，由外部的咨询公司将老板的意图进行贯彻，同时避免矛盾的激化。

竞争文化的核心有三点。

1. 出头鸟先受益

只有在这样的环境下，人才才会脱颖而出，并且创造更高的价值，这是机制在造就人才。传统的“枪打出头鸟”的文化，是机制在扼杀人才。

2. 赛马机制

在市场经济中，你能做什么，你就是什么。一定要通过机制的设计把最优秀的人放在最好的层面上去，把资源配置在营销一线。有能力，还要有位置；有位置，还要有能力。这两者紧密匹配，缺一不可。

3. 机会均等

市场竞争最大的公平就是机会均等，而不是结果均等，传统观念中的“不患寡而患不均”是机制建设的最大障碍。

第二节　终端客户营销模式

我们所处的这个时代，是一个面临3个造就的时代：①造就客户所需要的经营思想；②造就客户所期待的职业信仰；③造就客户所期盼的职业粉丝。

与大客户营销不同，终端客户由于具有“数量多、分布广、价值散”等特点，所以需要在几个约束条件下进行价值营销，即有限的人力资源约束、有限的市场机会、有限的营业场所。终端客户的营销要求首先打造客户的关系价值，再打造客户的产品价值，最终实现客户价值最大化。

要打造终端客户营销模式，就要“修炼在客户心中的专业+信任，提供充分的产品+服务，营造可靠的效率+氛围，追求极限的品牌+形象”（见图5-9）。

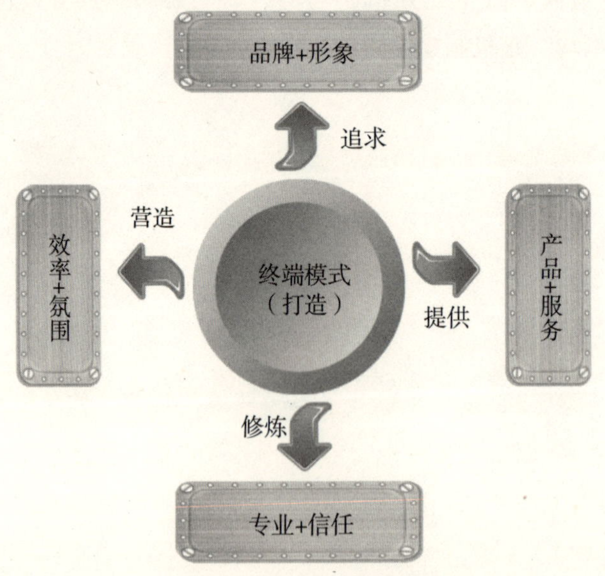

图5-9　高效率的终端客户营销

一、修炼“专业+信任”

《鬼谷子》：“近而疏者，志不合也。遥闻声而相思者，合于谋待决事也。”对客户有价值，客户自然就会想到你。在修炼“专业+信任”中，营销可以概括为3个阶段、5个标准。

3个阶段是指：①取悦于客户；②取信于客户；③取利于客户。

5个标准是指：①通过什么方式让客户感到受重视；②通过什么方式让客户感到被理解；③通过什么方式让客户感到受欢迎；④通过什么方式让客户感到舒适；⑤通过什么方式让客户感到快捷。

要打造客户的信任，职业经历就是通行证。例如，同样是在招标盖楼，一个是以前盖过楼的，一个是没有盖过楼的，那么盖过楼的就有专业优势；一个是盖过两层楼的，一个是盖过四层楼的，在竞标六层楼时盖过四层楼的就有优势。在营销中，现在做的每一件事情都是为以后打基础、做铺垫，没有付出是浪费的。

要不断提升自己的专业水平，就要不断与比自己更优秀的人为伍，在这种环境下想堕落都不容易，这是一种很重要的价值观。只有善于把别人的优点转化成自己的特有优势风格，乐于改变自己的不良习惯，才能做到水平的不断提升。在打造自身的专业水平时，最大的恐惧是“我以为、我认为、我感觉”，这都是一种不成熟的职业感觉，必须要做到永远比客户快一步、比客户多想一步，把客户的事当自己的事。当我们每走一步，首先想到客户的利益，那么我们才能与最难相处的人友好相处，打造客户对我们专业上的信任。

在营销客户的过程中，是在创造自身价值的自信与快乐，造就职业的多种价值舞台。通过使一般客户满意、使重要客户惊喜、使黄金客户感动，自如地与那些我们所需要的客户建立深厚的个人关系，并在此基础上发展业务关系，这是营销中技术与艺术的统一。当在营销中不断感动客户，为客户创造惊喜，我们在客户中的分量就会不断增强，这就造就我们与客户利益趋向的一致，这时候客户自然就会建立起对我们专业的信任。

二、提供"产品+服务"

在营销中，我们为客户提供的是"产品+服务"，其中产品是硬价值，服务是软价值，客户最终获得的是"硬价值+软价值"的综合价值。这里的产品加服务是以客户为中心，这在营销中也可以用"4C"理论来解释。

客户需求价值（Customer）：这是指以客户消费需求为导向开发服务产品。消费者是营销活动的核心，重视客户要甚于重视产品。

成本降低价值（Cost）：这是指以客户消费成本为基础来制定价格，通过降低客户的综合成本来给客户创造价值。客户所付出的成本不但是指货币支出，还包括时间耗费、精力和体力耗费等。

便利提供价值（Convenience）：这是指以客户服务便利为依据设置购物场所和产品布置。

沟通创造价值（Communication）：这是指以客户信息交流为基础创造客户沟通的价值。与客户之间的双向沟通，有利于协调矛盾，融洽感情，培养忠诚的客户。

在处理与终端客户的成交过程中，要注重对客户意见反馈的处理，并不是客户提出意见就会降低购买概率，相反客户提出意见就是我们营销的机会，客户的困扰就是我们的机会（见图5-10）。在处理客户意见的时候，我们需要做到：①细心聆听，找出问题；②感同身受，表达同理心；③澄清异议，避免误会；④提出方案，进行解决；⑤采取行动，进行补偿。

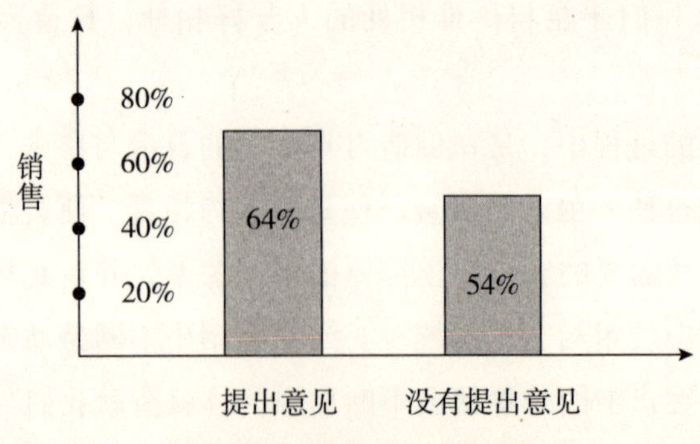

图5-10　终端客户意见反馈

在为客户提供服务时，要注重终端客户的从众效应。中国人有很强的从众心理，广告在一定程度上可以加速这种从众效应，采取广告效应是进行批量营销的有效措施。这实际上是一种“社会认同”的心理效应在起作用，当人们看到其他人也在进行同样的行为的时候，他们得到了进一步肯定。所以，广告真正的作用是在营销结束之后，而不是在营销结束之前，广告是对人们已经进行的购买行为的再一次肯定。

三、营造“效率+氛围”

要进行终端客户营销，必须创造效率之上的效果。有一个把梳子卖给和尚的故事，就是一种效率之上的效果的营销。

把梳子卖给和尚

甲、乙、丙三个人去面试，面试题目是“把梳子卖给和尚”，以十日为限。

十天一到，主试者问甲：“卖出多少把？”甲答：“1把。”

主试者问：“怎么卖的？”

甲讲述了历经的辛苦，游说和尚应当买把梳子，无甚效果，还惨遭和尚的责骂，好在下山途中遇到一个小和尚一边晒太阳，一边使劲挠着头皮。甲灵机一动，递上木梳，小和尚用后满心欢喜，于是买下一把。

主试者问乙：“卖出多少把？”乙答：“10把。”

主试者问：“怎么卖的？”

乙说他去了一座名山古寺，由于山高风大，进香者的头发都被吹乱了，他找到寺院的住持说：“蓬头垢面是对佛的不敬。应在每座庙的香案前放把木梳，供善男信女梳理鬓发。”住持采纳了他的建议。那山有10座庙，于是买下了10把木梳。

主试者问丙：“卖出多少把？”丙答：“1000把。”

主试者惊问：“怎么卖的？”

丙说他到一个颇具盛名、香火极旺的深山宝刹，进香者、参观者络绎不绝。丙对住持说：“凡来进香参观者，多有一颗虔诚之心，宝刹应有所回赠，以作纪念，保佑其平安吉祥，鼓励其多做善事。我有一批木梳，您的书法超群，可刻上‘积善梳’三个字，便可做赠品。”住持大喜，立即买下1000把木梳。得到“积善梳”的香客也很是高兴，一传十、十传百，进香者更多，香火更旺。

在这个故事中，把梳子卖给和尚，这是营销对象的不对，即使花费了很大的精力也没有一定的效果。把梳子卖给寺庙，这是方式不对，因为寺庙的购买力有限。与寺庙主持一起为香客服务，借助寺庙提供的平台，利用香客的络绎不绝，提供了一种价值之上的产品，这才是效率之上的效果。杰克·韦尔奇说过：“如果你想让列车每小时再快10千米，只需要加一加马力；而若想使车速增加一倍，你就必须要更换铁轨了。”要进行终端客户营销，必须获得人均效益不断提升基础之上的持续高赢利，这就要求在营销战略上进行转型、提升、发展。

要创造营销的效率，就要对二八原则进行有效运用，这是因为在营销中总结果的80%是由总消耗时间中的20%所形成的。80%的财富集中在20%的人手中；80%的销售源自20%的顾客；80%的总销售额来自20%的产品。

个人的职业素质是提高营销效率的基础，这里有两个公式。

职业素质=（知识+技能+形象+体力）×职业价值观

职业价值观=职业意识+职业道德

个人的职业素质首先是一种敬业精神，是一种奉献精神，是一种创新精神。敬业是一种岗位资格的获取，奉献是一种竞争上岗的精神，创新是一种胜任。在岗位核心知识上，要求精、求深、求通；在岗位核心技能上，要求专、求快、求准；在岗位核心关联知识与技能上，要求广、求宽、求贯通。

在终端客户的营销中，要在同质的产品下寻找复合式、叠加式的综合价值，打造“六度空间”：①密度，这是指与客户之间不间断地保持联系；②温度，这是指与客户的关系不能低于一个底线；③强度，这是指对客户进行复合产品关联；④速度，这是指为客户服务要进行限时工作；⑤精度，这是指

为客户服务要认真到位；⑥热度，这是指要对客户进行热情服务。珍惜客户每一次光临的机会，做到有朋自远方来，不亦乐乎，奉献给客户宾至如归的好心情。

在营销中要提高效率，就要养成一种有效的时间管理习惯：①知道如何利用自己的时间；②注意自己的努力产生必要的成果，重视对外界的贡献；③把工作建立在优势上，善于利用自己的长处，上级、同事和下级的长处；④精力集中于少数主要领域；⑤善于作出有效的决策。

四、追求“品牌+形象”

在营销中，要不断追求自身的“品牌+形象”，打造自身在营销中的绝招、绝技、绝活。

营销的最高境界是机会无处不在。形象不只是一种专利，也是一种语言，正如德鲁克说：“人无法只靠语言来沟通，总是得靠整个人来沟通。”在沟通的效果中，语言并不占主导，视觉才是主导，占到75%；听觉只占到13%，并且这13%既包括听到的内容，也包括听到内容的语气、语调等声音特征；动觉占到12%，这包括人的嗅觉、味觉、触觉等不同的感觉（见图5-11）。

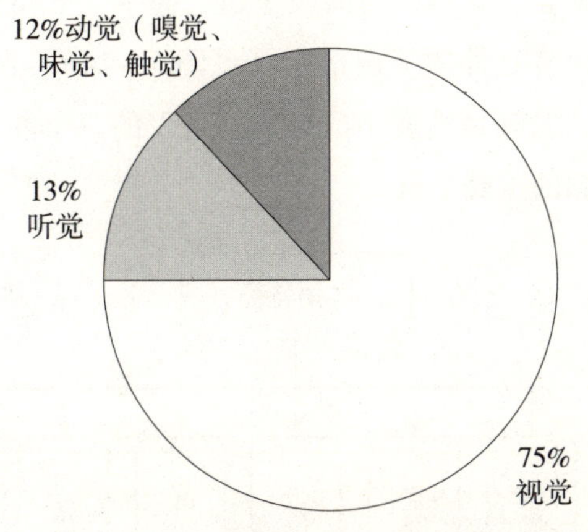

图5-11 沟通中的不同效果特征

人的声音特征包括积极、热情、节奏、语气、语调、音量几方面，这是在语言内容之外的声音语言（见图5－12）。

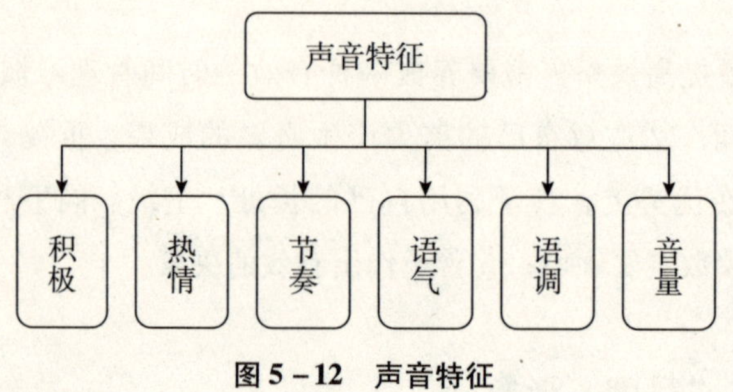

图5－12　声音特征

人的措辞包括简洁、专业、自信、用词、停顿、流畅几方面特征和技巧，这是语言之外反映一个人内涵和素质的重要因素（见图5－13）。

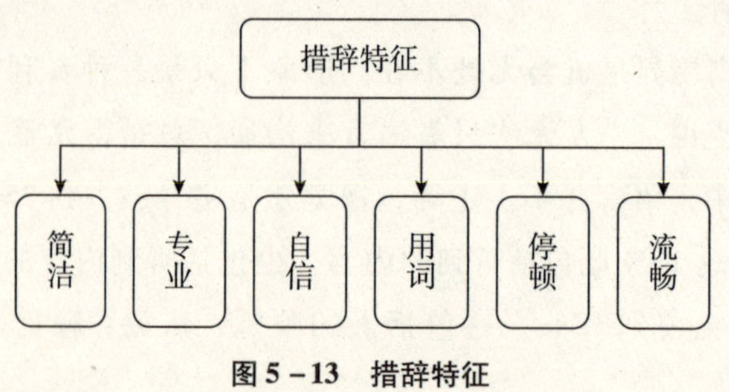

图5－13　措辞特征

人的体语包括站姿、坐姿、空间、坐位、握手、三角区、递名片几个行为特征，是一个人语言之外的无声形象（见图5－14）。在这些体语特征中，人的站姿非常重要，尤其是站姿中的鞠躬，是人的一个非常重要的美德和修养，是获得对方好感的重要手段。

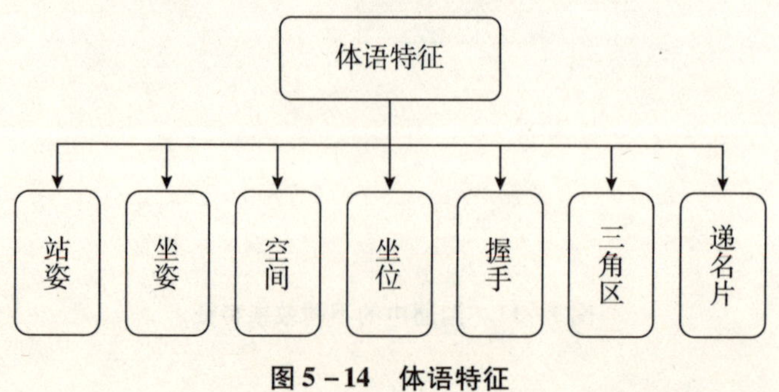

图5－14　体语特征

通过不断地修炼这些体语特征，增强个人的职业魅力，就像一首歌中唱的“读你千遍也不厌倦，读你的感觉像三月，浪漫的季节，醉人的诗篇；读你千遍也不厌倦，读你的感觉像春天，喜悦的经典，美丽的诗篇”。当让客户具备了这种感觉，也就具备了营销的基础。

第三节　客户沟通技巧

《韩非子》：“不知而言，不智；知而不言，不忠。为人臣不忠，当死；言而不当，亦当死。虽然，臣愿悉言所闻，唯大王裁其罪。”韩非子在给秦王的书中，第一句话就强调了智和忠的关系，以此作为自陈所闻的基础。在营销中，营销技巧和营销战略之间也具有这种辩证关系，营销战略是道，营销技巧是术：以道御术，事半功倍；以术御道，事倍功半。

营销是做对事情，才有效果；用对方法，才有效益；提升技巧，才有效率。营销技巧是客户关系中的加速器，营销技巧的提升要做到以客户的认同作为最高标准，实现对专长的认识、对人品的信任、对职业的认同、对专业的信赖（见图5－15）。

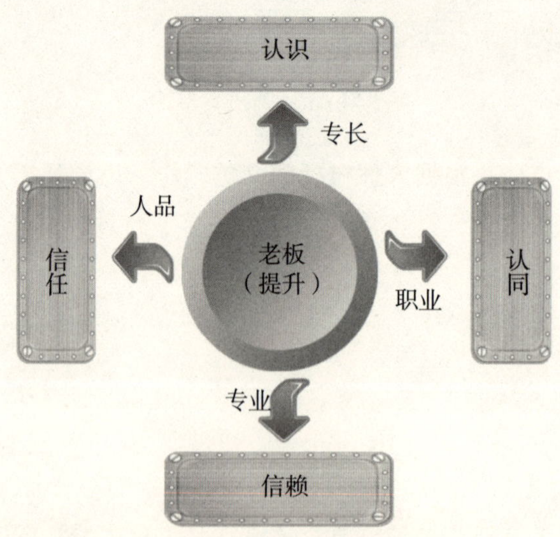

图5－15　营销技巧的提升

赞誉，是满意之上的惊喜；服务，是利人之上的利己；营销，是做人之上的做事；技巧，是理念之上的方法；行为，是流程之上的机制驱动。营销技巧的核心是用自己的逆人性来符合对方的顺人性，做到“人之所欲，必施于人”，以对方喜欢的方式来对待他。察言、游说、微笑、鞠躬、赞美、聆听、推荐是本节所要讲述的七种营销技巧（见图5－16）。

图5－16　七种营销技巧

这七种营销技巧是根据人性概括演义的，作为市场开拓的营销指南。只有正确认识和发现这些营销技巧，才会去遵循这些营销技巧，但认识到并不代表会做到、做好。只有不断尝试，才能熟练地做好；只有长期坚持，才会做得更好，才会做得更自然、更精彩。

一、察言

脸是沟通中不可或缺的信息来源，是视觉语言中最核心的部分，尤其是脸部的黄金三角区——“眼睛、鼻子、嘴巴”，这是沟通中最神秘的区域。什么叫以客户为中心？子曰：“不患人之不已知，患不知人也。”营销的关键是知人，即知道对方是什么人、对方需要什么、如何满足对方，察言观色就是最基本的营销技巧。当然，察言观色是底线，善解人意是中线，画龙点睛是上线（见图5－17）。

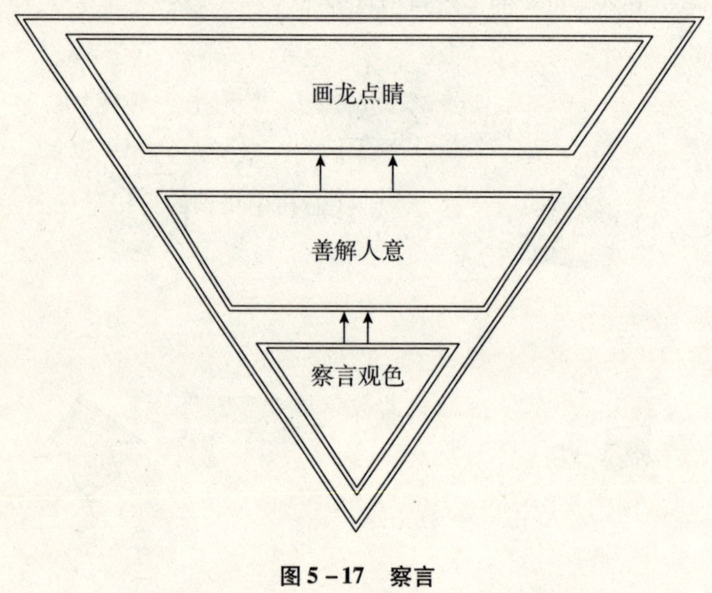

图5－17　察言

察言的目的是为了知道对方的真实想法，实施有针对性的营销，在这方面阿庆嫂是个高手。在《沙家浜》中，阿庆嫂的服务给我们带来了7点启示：①热情微笑；②精通业务；③对客户的态度亲切友善；④将每一位客户视为重要人物；⑤感激每一次客户的再度光临；⑥用眼神表达对客户的关心；⑦为客户创造温馨的服务环境。这7点启示的背后，是阿庆嫂对每位客户心理的有效把握，她对胡传魁、刁德一的每一个神态、每一句话背后的意思都能揣摩得非常透彻，这才使她能够在与对方的周旋中化险为夷。

二、游说

在营销中，游说是直奔主题的通行证，具有高效的投入产出比。但是，游说既是高收益，也是高风险，游说不到位也容易出现词不达意、言过其实、

言不及意、画蛇添足等问题，所以游说必须针对对方的心理进行。

孔子曰："与中人以上，可以语上；与中人以下，不可以语上。可与言而不与言，失人；不可与言而与之言，失言。知者不失人，亦不失言。"营销必须针对不同的对象，进行不同内容、不同方式的游说，正如鬼谷子所言："与智者言，依于博；与博者言，依于辨；与辨者言，依于要；与贵者言，依于势；与富者言，依于高；与贫者言，依于利；与贱者言，依于谦；与勇者言，依于敢；与愚者言，依于锐；此其术也，而人常反之。"在现实中，我们有时容易将游说的方式运用反了：对待聪明的人，我们却和他比智慧；对待贫穷的人，我们却要与他们谈论精神追求。我们在用错误的方式进行沟通的时候，我们的营销效果就会适得其反。

游说不是仅仅通过言语来沟通，是整个人来进行沟通，人的气质在沟通中非常重要。当年苏秦辞别鬼谷子下山周游列国，通过访求山川地形、人情风土，详细了解天下利害，然而如此数年却未有所获。绝望之余，想起了鬼谷子的临别赠言："游说失意，只须熟玩《本经阴符七术》一书，自有进益。"于是苏秦闭门探究书中精要，务穷其趣，昼夜不息。如此一年之后对《本经阴符七术》有所领悟，将列国形势细细揣摩，天下之势尽在掌中。后来出游列国，领六国相印，开纵横捭阖之先河。

在苏秦的营销中，苏秦尽管一开始在言语技巧上已经取得了很大成功，但是在气质修炼上做得不足，所以第一次行走天下未有所获。在熟读《本经阴符七术》一书之后，苏秦在精、气、神方面获得很好的修炼，做到了用气质来增强游说的效果，正如书中所说"故道者，神明之源，一其化端，是以德养五气，心能得一，乃有其术。术者，心气之道所由舍者，神乃为之使。九窍十二舍者，气之门户，心之总摄也"。气质的修炼，是游说的必要前提。

在游说中，关键是要以对方为中心，在与客户的交往过程中真诚地欣赏对方，品味对方的内涵价值。但是，有时候我们不是这种心态，我们不是首先发现别人的优点，而是发现他的缺点。由于我们在营销的时候看不到对方最美的一点，这使我们丧失了许多机会。

中国人的营销，在宏观层面是政治驱动经济，一切都要以政治作为第一性；在微观是感性驱动理性，是感情之上的利益最大化。所以游说包括 5 个特定因素：①环境论；②条件论；③时间论；④情绪论；⑤理性论。在营销中，要在特定的政治经济环境中，不断创造对方支持我们的条件，在恰当的时机中通过管理好自身的情绪，将对方的理性转化成情感之上的理性。

游说有5个层次：①知道游说技巧；②掌握游说技巧；③养成习惯；④灵活运用；⑤炉火纯青。知道游说是一回事，掌握游说是另一回事，做好游说才是最终的实战效果。作者总结了"游说十八法"，用于在营销中进行精准游说。

（1）话题的选择：选择客户最感兴趣的事。

（2）客户的期盼：引导客户谈他期望的事。

（3）客户的心态：充分重视和尊敬客户。

（4）打动客户：赞美客户是无成本的投入。

（5）赢得客户：聆听客户的每一句话。

（6）感动客户：客户的事，就是我们的大事。

（7）说服客户：借用客户赞美我们自己。

（8）引导客户：选择"对的思维模式"。

（9）取悦客户：保持最自然的"职业微笑"。

（10）取信客户：客户信任是难得机会。

（11）时刻牢记：客户不喜欢被批评。

（12）感激客户：及时地感谢客户。

（13）自身修炼：永远提升自身的职业素质。

（14）影响客户：谈话中融入共同的蓝图。

（15）关注客户：注意客户周围的每一个人。

（16）诚实是本：有失误要勇于当面致歉。

（17）取利客户：客户就是市场和利润。

（18）职业角色：发展自身多重职业角色。

三、微笑

微笑是一种进入客户内心的通行证，微笑是心到，情到，形到，语到。首先，微笑是一种发自内心的愉悦，是见到客户的一种内心的高兴；其次，

营销由内而外表现出一种真诚的感情；再次，微笑表现为一种外部的举止神态、面部表情；最后，微笑伴随着动人的话语。在营销中要创造与客户交往的零距离沟通环境，这要求在表情上做到“微笑＋热情”，在语气上做到“温馨＋语音磁场”，在语音上做到“轻和＋轻松＋轻心”，在语言上做到“内容精确＋引人入胜”。

微笑是一个不可忽视的通行证，微笑的经济意义是弱以胜强，柔以胜刚。营销是小习惯，大舞台；小举止，高收益；小技巧，高效率。在营销中，要充满魅力、富有喜悦，微笑是无成本的投入，是一笑值千金。自然，是与客户沟通的高速公路；笑容，是回报客户的无形礼品；热情，是奉献给客户的一杯暖茶。可以说，笑容的灿烂程度，决定了赢利的力度，用微笑去感动别人，用热情去影响别人，用激情去燃烧别人，用智慧去引导别人，用坚持去赢得别人。

四、鞠躬

孔子曰：“不学礼，无以立。”（见图5－18）在营销中也有5种基本礼仪：①点头＋微笑礼；②欠身＋微笑礼；③鞠躬＋微笑礼；④握手＋微笑礼；⑤问候＋微笑礼。这5种礼仪中，“鞠躬＋微笑礼”是最能够打动客户的礼仪。

图5－18　学礼以立

在营销中，腰的弯度决定了个人发展的速度。真正成熟的谷子，谷穗都是弯着的；真正成熟的人，同样都是能够弯腰的。在营销中，鞠躬不仅是一种礼貌的表示，更是一种内心强大的展现。人只有在具有充分的自信之后，才能够表现出真正的谦卑。作者有位朋友是日本一所著名高校的博士，在日本攻读学位期间，有一次这位博士去一家大商场实习，结果被安排到商场门口去迎宾，每位客人来的时候都要鞠躬，并且都是九十度的深鞠躬。一天过去了，这位博士感到实在受不了，认为这是企业不尊重人才，于是找到人力资源部的主管要求面见董事长，向董事长进行控诉。结果，人力资源部的主管直接向商场另一个门口的方向指了指说：“你去吧，董事长和你一样正在对客人鞠躬呢。”这位博士当时一下子就震惊了，一家大商场的董事长竟然在商场门口对客人不断鞠躬，这是一种什么样的职业精神，这在他以前是很难想象的。

老子曰：“水利万物而不争，处众人之所恶，故几于道。”善下之，是营销中最重要的一种品质，只有做到形神兼修，才能实现对对方的真诚。在平常的生活中，作者去一些高档酒店的时候，会留心观察那些服务员鞠躬的神态，最注重的是这些服务员鞠躬完毕之后直起腰时的表情。如果这时的表情很真诚，作者会被打动；如果这时的表情很无奈，作者就感到对方的这种鞠躬是一种应付。所以，鞠躬的修炼不仅是体态的修炼，更重要的是内心的修炼。

五、赞美

赞美是打动人心的通行证，是低投入、高产出。什么叫赞美？作者在这里有 3 个标准：①说的话是真实的；②说的话是该说的；③话说出来是有效益的。子贡赞美孔子时就说：“学不厌，智也；教不倦，仁也。仁且智，夫子既圣矣！”即使是圣人，当听到这样的赞美的时候，也是能够被打动的。

在营销中，赞美和拍马屁、实话实话是不同的。赞美是真实的、该说的、有效果的，但是拍马屁就不一定是真实的、该说的、说出来有效果的。赞美与拍马屁最大的区别在于是不是真实的，如果是真实的就是赞美，如果是不

真实的就是拍马屁。尽管拍马屁不是真实的，但是仍然能够在日常中起到一定的效果，这就是人性。人都喜欢听对方说自己喜欢听的话，即使有时候明明知道对方的话中有水分存在。

什么叫实话实说？这里也有 3 个标准：①说的话是真实的；②话不一定是该说的；③话说出来不一定是有效益的。尽管实话实说说的是真的，但是这不一定是该说的，也不一定是有效益的。在本书前面讲的给国王画画的三个画家中，实话实说的最后被国王砍了头，拍马屁的也被砍了头，赞美的获得了奖赏。当然，在现实中拍马屁的人可能不会那么下场凄凉，因为人性的弱点会让我们愉悦地接受对方的赞美和拍马屁。当然，与真诚的赞美相比，拍马屁的生命力要短得多、有限得多。

作者到客户中拜访时有 3 个习惯：①注重企业文化，尤其是企业张贴在墙上的标语；②注意收集企业的报纸，企业的内刊中都是企业最近发生的最值得关注的事；③推销思想，为高管层做培训，做到为老板创造高价值。有一次在客户走访中，作者在酒桌上对一家大型企业董事长的管理理念表示非常认同并大加赞美，董事长马上说不要忽悠他。这时作者说可以对这个管理理念的全部内容进行背诵，并且当场进行了咏诵和解读。当董事长听完作者的这番表述之后，马上从酒桌上站起来要求和作者合影，表示终于找到了知己。这之后，作者与董事长之间已经不再是单纯的业务关系，而是兄弟之间的知己关系，这就是真诚的赞美所带来的对对方的心理打动。

在 2000 年，作者曾经到力诺集团股份有限公司进行培训，在培训中帮助企业谱写了《力诺之歌》，通过歌曲对企业的创业者进行了赞美。

力诺之歌

在那无名的盐碱窝，
走来了一群历史的开拓者。
汗水洒过，泪水流过，
历经了风雨，要建成阳光力诺；
产业报国，追求卓越，
力诺人永远有一份执著。

烈火熊熊的熔炉里，

铸就着一代历史的建设者。

苦水喝过，浊水趟过，

冲破了险阻，筑成了阳光力诺；

铸世界名牌，建百年力诺，

力诺人永做时代的强者。

快乐是一种情绪，我们要走进这种。赞美客户必须要做到知道、做到、娴熟。赞美就是创造资源，赞美就是无成本的高投入、快产出，赞美就是水涨船高。赞美是在给对方创造情感价值，是让对方因你而快乐。在与福建商会建立战略合作关系的谈判中，作者对福建商会的企业家精神进行了高度认同和赞美，起到了预期的战略效果。

厚德载福，福临天下

尊敬的福建商会的各位领导：

大家好！

2010年是具有挑战性的一年。具有历史性发展机遇的一年。有一首闽南歌，一直激励着我们，这首歌是《爱拼才会赢》，其中，最为精彩的就是“三分天注定，七分靠打拼”充分反映了福商的一种拼搏进取精神！

在改革发展的30年中，福建商会走在了众多商会的发展前列。福建商会的32字理念是：善观时变，顺势有为，敢于冒险，爱拼会赢，合群团结，豪侠仗义，恋祖爱乡，回馈桑梓。归结为一句话，孟子曰：有恒产者必有恒心。什么叫恒心？就是福临天下。福有三层意境，福建（创业之本）、福到（发展之本）、福分（成功之本）。什么叫厚德载福？四个字：打拼精神。什么是打拼精神，就是一种创造精神，正所谓“是骏马就创造一片草原，是雄鹰就创造一片蓝天”。

我们与福建商会合作是一种精神渴望。福建商会“美誉天下”，福建商会是众多区域中一支非常优秀的商人（企业家）的团队，也是造就优秀企业家的摇篮。福建商会代表着这个区域崛起与发展的改革开放历史，也是一部产

生优秀商业人士（企业家）的发展历史。每当谈到福建商会，我们非常的敬仰。敬意与敬仰之情之意油然而生。

1. 我们能走多远，关键是我们与谁同行

福建商会是一面旗帜，我们为优秀的商会服务是中信银行的私人客户服务发展战略，正如孟子曰："舜发于畎亩之中，傅说举于版筑之间，胶鬲举于鱼盐之中，管夷吾举于士，孙叔敖举于海，百里奚举于市。"

福建历史名人名士很多，远有朱熹、郑成功、林则徐；近有严复、陈嘉庚、陈景润等。这些是福建著名的学者与商人，不仅是福建的骄傲，也是我们民族的自豪。

中信银行与福建商会发展区域战略业务是我们永恒的追求。商会是造就商业精神的主要平台与载体。聚集、凝结着一些优秀的先进商业思想，商会承载着这一伟大的经济发展使命。

2. 我们要努力成为福建商会首选的商业银行

中信银行的理念是"承诺于中，至仁于信"，简称"中信"，符合齐鲁文化的中庸之道，中庸之道的核心是最佳服务。"天地人"的和谐就是最美的。

我们舜耕支行在这个基础上，形成的服务理念是以客户为尊，为客户筹谋，助客户发展。中信银行的个人理财产品在业内处于比较优势的地位，私人银行也处于领先水平，福建商会是我们服务的重要客户。

3. 我们不断创造为福建商会服务的综合价值

舜耕山庄是一个人杰地灵的服务于福建商会的平台与胜地，在这里我们借其大舜的意境，取其福建商会发展的圣境，祝愿福建商会事顺、心顺、日日顺，人顺、业顺，年年顺。事业兴隆，财源广进。

最后，我代表中信银行舜耕支行向各位参会的领导拜个早年。祝大家事事、时时、处处都顺利。

欢迎宴会后，到我们舜耕支行坐坐，也希望我们能经常走动，把我们当做您值得信赖的战略盟友与知心朋友。

六、聆听

一个好听众总比一个善讲者能赢得更多的好感，一个好听众总能够让客户倾听他们最喜欢说的话。营销要做好借势，借势的最高境界是“山也转、水也转、云也转，全转”：自身资源要利用；外部资源要借用；政策资源要运用；综合资源要活用。要想借势，就要了解对方，而倾听是了解对方最重要的一步。

在倾听中，做到对对方的有效测试，判断对方的话中意和话外意：通过听对方的语言，判断对方的意思；通过听对方的语气，判断对方的内心情绪；通过看对方的眼神，判断对方的心理波动。聆听的过程也是一个与对方找到彼此之间相似性的过程，相似性是获得对方心理认同的一个重要方面。我们可以在对方的谈话中找到关于他的一些信息，然后在这些方面找到与他的相似点，如果我们真诚地将这些相似点表达出来，那么就会迅速拉近与对方的心理距离。无论是相似的衣着，还是相似的经历，从外表到内在，相似性都会为我们创造在对方心中的好感，这就是一种心理认同。

聆听，事实上是一个互动的过程，在与客户谈话的时候，要带一个本子，把客户的话记下来，并在适当的时候进行复述，请求对方的确认，在这个过程中，客户能够找到一种期待与感觉，这时他的心里有一种得到尊重的喜悦，对我们将会产生一种心里打动之上的情感偏好。如果对方陈述了一个观点，我们又非常认同，那么就可以再补充一下能够支持这个观点的一些论据，这样会增强对方对我们的可信程度。如果对方陈述的是一个事实，那么我们也可以找到自已周围类似的事实来进行附和，并且可以从中引申出一些结论来求得对方的认同。聆听，是获得认同感的关键，这种认同感将使我们成为对方心中所喜欢的人。

七、推荐

在营销中，要调动客户为我们的每次推荐，做到每次的营销都是一次关系的提升。客户对我们的推荐就是在对我们进行“个人信誉担保”，这实际上是客户对我们的一种认同，是我们在营销中的“少投入、快产出”。推荐是马太效应在营销中的直接体现，如果没有推荐，我们有可能连客户的面都见不到，而有了推荐，我们就可以在这个推荐基础上做得更好。

在营销的过程中，很关键的一步是客户在彼此陌生时建立起对我们的认可和信任，而这种信任往往没有一定的时间是很难建立起来的，如果要缩短这段时间，那么创造与圈内相关层面关系人的先期关系就至关重要。有了这种先期关系和相关人士的大力推荐，我们的营销才能做到事半功倍。推荐的核心就是找到一种正向的关联，如果是一位德高望重的人士对我们进行推荐，事实上我们就已经在客户心目中与这位德高望重的人建立了关联，这种正向的关联让我们可以迅速提升自己在客户心目中的形象，拉近彼此的心理距离，提升对方对我们的心理接受程度。

第六章

构建你的五大优势：演员 + 演技

子曰："事君，敬其事而后其食。"

——《论语·卫灵公》

营销就是一场演出，在这场演出中有人是策划，有人是导演，有人是演员。要想演好这场演出，首先要打造自己的职业竞争优势，这种优势是为对方创造价值的基础。为了做好一名营销中的“职业演员”，需要打造五大优势：先期优势、后发优势、比较优势、专有优势、核心优势（见图6－1）。

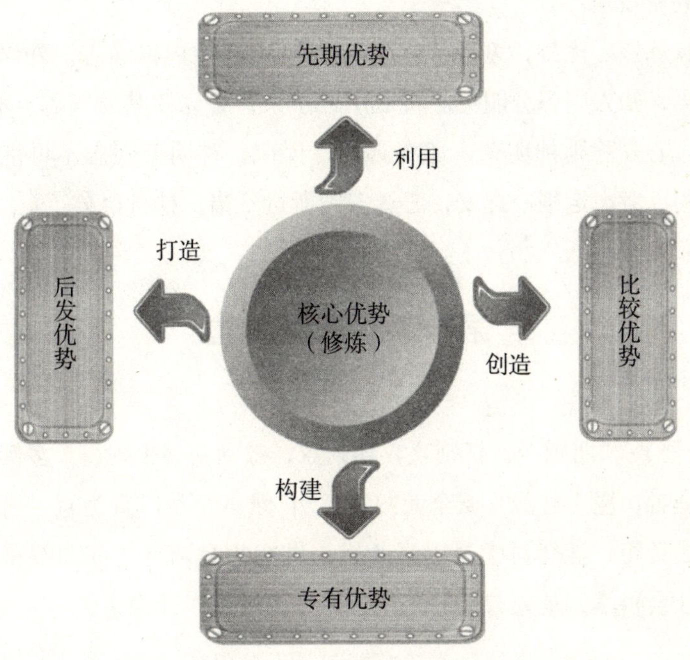

图6－1　营销的五大优势

利用先期优势：由于基因不同和成长环境不同，每个人具有的先期优势不同，这是营销的第一种优势。

打造后发优势：性相近、习相远。在成长的历程中每个人的勤奋程度和机遇不同，这导致每个人形成的后发优势不同，这是营销的第二种优势。

创造比较优势：闻道有先后、术业有专攻。每个人的爱好不同，这导致每个人具有不同的比较优势，这是营销的第三种优势。

构建专有优势：通用资源可以替代，专有资源很难替代，营销要打造别人“不易复制、不易超越、不易替代”的专有优势，这是营销的第四种优势。

修炼核心优势：营销人员打造自身优势的基础是加强自身的修炼，一切外在的营销技巧都要有内在的职业素质作为支撑，正如一切的功夫技巧必须有内功修炼作为基础一样。苏秦第一次出山游说的时候，由于内在的气质修炼不足，即使他具有了最优秀的游说技巧，也无法获得预期的营销效果。修炼《本经阴符七术》之后，做到了内外兼修，实现了“说家、说国、说天下”的最高游说境界。

关于修炼核心优势，鬼谷子有这么一段话：“故内以养志，外以知人。养志则心通矣，知人则识分明矣。将欲用之于人，必先知其养气志。心欲安静，虑欲深远；心安静则神明荣，虑深远则计谋成；神明荣则志不可乱，计谋成则功不可间。意虑定则心遂安，心遂安则所行不错，神自得矣。”

第一节　以迂为直

《道德经》：“曲则全，枉则直，洼则盈，敝则新，少则得，多则惑。古之所谓曲则全者，岂虚言哉！诚全而归之。”自然科学是以直为直，讲究的是两点之间直线最短；社会科学是以迂为直，讲究的是两点之间曲线最短。营销作为一门社会科学，是人与人的交往，讲究的也是以迂为直。

一、利人利己

以迂为直的核心，就是我们首先为别人创造价值，别人才会为我们创造价值。我们认为自己的付出最终会获得回报，即使是换了一种回报方式，在不同的时间、不同的地点，但是得到的价值总量是相同的。什么叫受欢迎？能够不断给对方带来利益才能受欢迎，才能持续地受欢迎。从人性的角度来

看，给对方带来利益是获得自身持续发展的原动力或持续力量。如果不是这样，那么对方只会是一种礼仪上的客气，心里并不舒服，是不愿接受的。只有我们不断给对方创造价值，创造基本价值之外的附加价值，我们才能获得对方的持续认可。下面是作者所接触到的某大型海外承包商的营销案例，这就是营销中以迂为直的典范。

将军的营销

这一海外承包商在某一发展中国家投标一个国有的大型基建项目，但是在最后的角逐过程中，由于种种原因而未能中标。在离开这个国家之前，公司董事长去拜访当地的一位著名将军，表示非常遗憾，同时提到了该承包商的项目，不仅能够给该国带来经济利益，更重要的是能够帮助该国解决就业问题，尤其是“军转民”的问题。将军听到这一下子兴奋了起来，因为该国多年来一直被转业军人的就业问题所困扰，这是让将军非常头疼的一个问题，如果能够解决这个问题，将军愿意帮该承包商的忙，向总统推荐这个项目由该承包商来做。后来承包商拿出完整的项目建设方案，包括如何安置转业军人的就业，将军表示高度赞同，亲自去向总统要求了这个项目的承包权，然后交由该承包商来做。

在这次营销中，公司的董事长是在帮助将军解决他的问题，而后才获得了将军的支持。每个人最在意的永远是自己的问题，只有别人满足了自己的愿望，自己才有动力去满足别人，这就是以迂为直的核心——为人就是为己，利人才能利己。

营销的以迂为直，可以创造出远远大于自身初始价值的价值，创造客户就是创造自己的未来，我们的成就建立在能够服务别人的基础之上，协助别人实现价值，才能够让自己美梦成真。从 2005 年 7 月起，美国青年麦克唐纳利用互联网，用一枚红色曲别针开始与人交换，最终没花一分钱，换回一套漂亮的两层别墅一年期的居住权，这就是以迂为直产生的放大效应。

从一枚曲别针到一套别墅[①]

当时，麦克唐纳有一枚特大号的红色曲别针，是一件难得的艺术品。为了通过这枚曲别针交换些更大更好的东西，他在当地的物品交换网站上贴出了广告。此时，他还只是期待着能交换到心仪的东西，房子还是一个遥不可及的梦想。然而，很快来自英属哥伦比亚的两名妇女用一支鱼型钢笔换走了他的红色曲别针。就在当天，他又用钢笔从艺术家安妮·罗宾斯手中换得了一只绘有笑脸的陶瓷把手。接下来的交换对象，是来自弗吉尼亚州的肖恩·斯帕克斯。他的咖啡机把手坏了，于是用一个烤炉换了麦克唐纳的陶瓷把手。

一个月后，加州的一名军官要了这个烤炉，并给了麦克唐纳一个发电机。随后，他用这个发电机换了一个具有多年历史的百威啤酒桶。加拿大一名电台播音员相中了这个古典酒桶，用一辆旧的雪地车交换了酒桶。

与此同时，麦克唐纳把每一次的交换经历写在了网上，他的故事引起了许多人的注意。麦克唐纳接受了加拿大电视台的采访，表示愿意以前往落基山脉的旅游来交换这辆雪地车。加拿大一家雪地车杂志很快响应，愿意为麦克唐纳提供这次旅行。而麦克唐纳又将这个机会转让给了一个公司经理，换取了一辆敞篷车。麦克唐纳随即将这辆敞篷车转手给一位音乐家，得到了在工作室录制唱片的一份合同。

当麦克唐纳手中握着一个录制唱片的合约时，一位梦想当歌星的女孩联系了麦克唐纳，她觉得这是一个难得的机会，她有一栋两层别墅，她愿意出让这套房子一年的居住权来换取录制唱片的机会。

二、提升战略认识

营销中我们最大的成本是“战略认识成本”，当我们向成功者学习的时候，我们会感到认识的差距是最大的战略竞争差距，这就是最大的学习能力的差距。在战略指导之下的竞争，越早行动市场拓展的难度越小，而往往这

① 资料来源：整理自 http：//blog. sina. com. cn/s/blog_ 5e96d2ad0100enp7. html。

时认识难度大。所以，营销需要不断提升自身的战略认识水平，通过合理的、跨越的联想，进行原创的创新思考。知识的碰撞、燃烧、联想，这是创新的温床。

要提升自己的战略认识，就要不断修炼自己的基本功，孔子曰："君子有九思：视思明，听思聪，色思温，貌思恭，言思忠，事思敬，疑思问，忿思难，见得思义。"营销的基本功可以用这九思来进行描述：

- 视思明：营销首先要具备观察能力，做到察言观色；
- 听思聪：营销要具备聆听能力，做到听明白言内意和言外意；
- 色思温：营销要提供微笑服务，做到以情动人；
- 貌思恭：营销要提供高标准的行为规范；
- 言思忠：营销要做到以诚待人，实现"承诺于中，至任于信"；
- 事思敬：营销要做到敬业爱岗，符合职业操守；
- 疑思问：营销中做到对客户有问必答，提升自己的知识储备；
- 忿思难：营销要做到居安思危，谋于无形；
- 见得思义：营销要做到有感恩精神。

营销战略认识中的关键一条就是坚持以客户为中心，可以表述为：以客户为尊、为客户筹谋、助客户发展（见图6-2）。在营销中，要把别人视为绝对办不到的事办成，要把别人认为非常简单的事持之以恒地坚持下去。

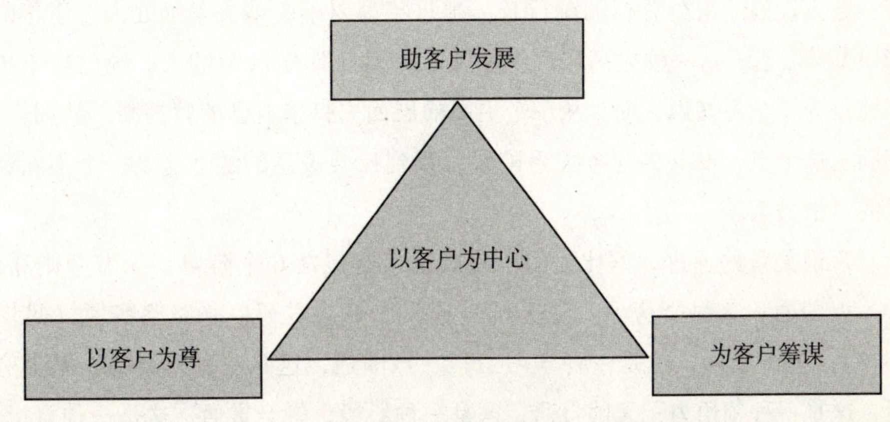

图6-2　以客户为中心

1. 以客户为尊

有一首歌唱到“关心您的人，想念您的人，体贴您的人，是我，是我，还是我”。营销以客户为尊是第一步，这是打造我们对客户的单相思。

2. 为客户筹谋

客户是幸福的，我们就是快乐的，为客户付出再多，也是值得的。营销为客户筹谋是第二步，这是打造我们与客户的双相思。

3. 助客户发展

待到山花烂漫时，它在丛中笑。在营销中最后是谁在丛中笑？当然是我们和客户。营销助客户发展是第三步，这是打造我们与客户的双赢。

每个人都在经营人生，在营销自己，营销就是让别人更多的认识自己、赏识自己。营销需要一种贯通的本领，跟什么层次的人接触，就决定了营销的范围和营销的能力。更高层次的沟通是一种更高层次的营销能力，沟通的层次越高，市场就越大。

营销的初级阶段，是让别人认识你，让更多的人认识你的身份，例如参与到社会中以“爱好”为主体的各项活动，让别人认识你的才华，并认同你的才华。营销的中级阶段，是怎样和成功者成为朋友，是怎样和优秀的企业家、富人、高人成为朋友。营销的高级阶段，是打造社会关系的“点、线、链”：点是重要朋友；线是业务关系朋友；链是一般性朋友。要由重要朋友的点，找到业务关系朋友的线，再发展到一般朋友的链。作者有一位朋友，是某一地方性商业银行总行的副行长，她每年都要不断地去参加北大、清华的EMBA学习班，从一种更高层次上去接触到真正制定政策的人。她已经不再单纯是为了学习知识，而是从一个更高的层面去打造自己的营销圈，从同学、好朋友这个点，发展到业务关系的线，找到社会关系的链，这是一个不断递进的营销关系。

营销关系的递进，好比人的不断成长，这包括6个阶段：①有师则通；②一点即通；③触类旁通；④无师自通；⑤融会贯通；⑥路路畅通（见图6-3）。有师则通，这是一种学习力；一点即通，这是一种理解力；触类旁通，这是一种领悟力；无师自通，这是一种心境；融会贯通，这是一种意境；路路畅通，这是一种“神境”。

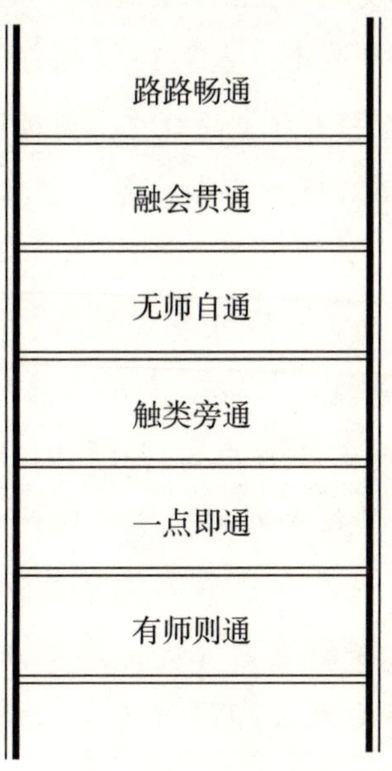

图 6-3　营销六通

世界上最伟大的推销员乔·吉拉德的营销生涯具有传奇色彩，35 岁之前穷困潦倒，35 岁之后在营销中的工作热情得到极大激发，营销技巧不断提升。时至今日，80 多岁的乔·吉拉德仍然活跃在全世界各个国家的演讲会现场，每到一处都会掀起一轮向世界销售冠军学习的高潮。他的这种职业精神值得我们学习，他的营销技巧也值得我们借鉴。乔·吉拉德充分借用了外部的力量，利用别人的推荐获得了营销中的事半功倍，他的营销技巧中最著名的一句话就是："买过我车的客户都会帮我推销。如果客户对你抱有好感，你成交的希望就增加了。只要你有办法使客户心情舒畅，他们不会让你失望。"

世界上最伟大的推销员——乔·吉拉德①

乔·吉拉德于 1928 年 11 月 1 日出生于美国底特律市的一个贫民家庭。9 岁时，乔·吉拉德开始给人擦鞋、送报，赚钱补贴家用。乔·吉拉德 16 岁就

① 资料来源：整理自 http：//baike. baidu. com/view/663302. htm。

离开了学校，成为一名锅炉工，并在那里患了严重的气喘病。后来他成为一位建筑工人，到1963年1月为止，盖了13年房子。35岁以前，乔·吉拉德是个全盘的失败者，他患有相当严重的口吃，换过40个工作仍一事无成，甚至曾经当过小偷，开过赌场。35岁那年，乔·吉拉德破产了，负债高达6万美元。

为了生存下去，他走进了一家汽车经销店，3年之后，乔·吉拉德以一年销售1425辆汽车的成绩，打破了汽车销售的吉尼斯世界纪录。这个人在15年的汽车推销生涯中总共卖出了13001辆汽车，平均每天销售6辆，而且全部是一对一销售给个人的。他也因此创造了吉尼斯汽车销售的世界纪录，同时获得了“世界上最伟大推销员”的称号。乔·吉拉德15年的汽车销售员生涯中，碰到美国经济大环境最紊乱的时刻，1964年越战开打，美国经济受战事拖累，1973年全球又爆发第一次石油危机，不景气使得美国汽车销售量下滑，但他在逆势中，一年还能卖出1400多辆汽车。

“通往成功的电梯总是不管用的，想要成功，就只能一步一步地往上爬。”这是乔·吉拉德最爱挂在嘴边的一句话。没有人脉的乔·吉拉德，最初靠着一部电话、一支笔和顺手撕下来的四页电话簿作为客户名单拓展客源，只要有人接电话，他就记录下对方的职业、嗜好、买车需求等生活细节，曾有人在电话中用半年后才想买车的理由打发他，半年后，乔·吉拉德便提前打电话给这位客户。他靠着掌握客户未来需求、紧迫盯人的黏人功夫，促成了不少生意。

乔·吉拉德认为推销需要别人的帮助，他的很多生意都是由“猎犬”（那些会让别人到他那里买东西的客户）帮助的结果。在生意成交之后，他总是把一叠名片和“猎犬计划”的说明书交给客户。说明书告诉客户，如果他介绍别人来买车，每成交一辆车他会得到25美元的酬劳。几天之后，乔·吉拉德会寄给客户感谢卡和一叠名片，以后至少每年他会收到乔·吉拉德的一封附有猎犬计划的信件，提醒他乔·吉拉德的承诺仍然有效。如果乔·吉拉德发现客户是一位领导人物，其他人会听他的话，那么，乔·吉拉德会更加努力促成交易并设法让其成为猎犬。实施猎犬计划的关键是守信用——一定要

付给顾客25美元。乔·吉拉德的原则是：宁可错付50个人，也不要漏掉一个该付的人。猎犬计划使乔·吉拉德的收益很大。1976年，猎犬计划为乔·吉拉德带来了150笔生意，约占总交易额的1/3。乔·吉拉德付出了1400美元的猎犬费用，收获了75000美元的佣金。

第二节　资源论

《韩非子》：“下君尽己之能，中君尽人之力，上君尽人之智。”仅靠一个人的力量，不能胜过众人；仅靠一个人的智慧，不能尽知万物。在营销中必须做到打造专有资源、控制稀有资源、善借通用资源（见图6－4），对内外资源做到充分的利用、借用、运用。

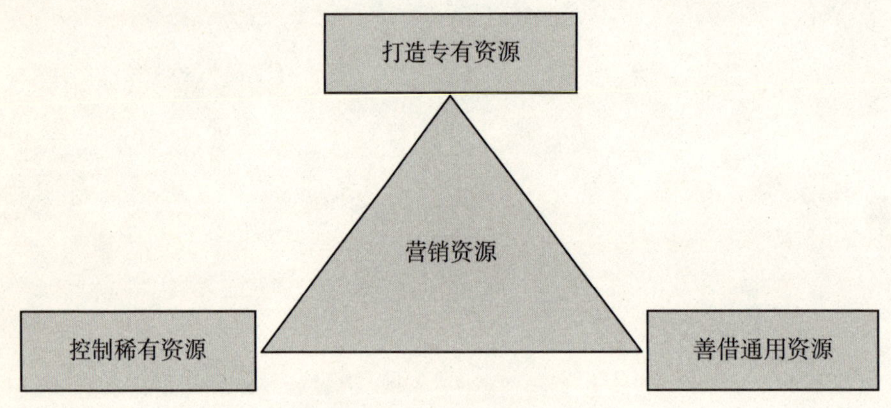

图6－4　营销的资源论

在一个自然丛林之中，不同的植物有不同的生存方式，但是只有那些向下把根扎得很深能够吸取大地中的养分，往上枝叶长得很高能够吸收太阳光的大树才是丛林之王，这就是自然界中上下贯通的天道。在营销中，必须要做到打造专有资源、控制稀有资源、善借通用资源，通过对这三种资源的综合运用，实现最佳放大效果。

一、打造专有资源

营销资源的核心是专有资源，这是营销人员的立身之本，只有不能被替代的专有资源，才是创造营销价值的基础。自助者他助，专有资源就是自助的核心，专有资源可以弥补通用资源的不足，通过提升专有资源，获得高层人士的认可，实现利用自身资源基础之上的借用外部资源。

一个人的能力、价值观和思想是打造专有资源的基础，专有资源可以表现为3种能力：①观察力，这可以算得上是营销中无成本的专有资源；②决断力，这是营销中低成本的专有资源；③策划力，这是营销中正常成本的专有资源。名医扁鹊对其三兄弟的表述，就是对专有资源中的观察力的一种形象描述。

扁鹊三兄弟①

一次魏文王问名医扁鹊："你们家兄弟三人，都精于医术，到底哪一位医术最好呢？"扁鹊答说："我大哥治病，是治病于病情发作之前。由于一般人不知道他事先能根除病因，所以他的名气无法传出去，只有我们家的人才知道（但在医学专家看来他水平最高）。我二哥治病，是治病于病情初起之时。一般人以为他只能治轻微的小病，所以他的名气只及于本乡里。而我扁鹊治病，是治病于病情严重之时。一般人都看到我在经脉上穿针管来放血、在皮肤上敷药等大手术，用的都是带毒性的药材，所以以为我的医术高明，名气因此响遍全国。"

专有资源也可以表述为"一直被模仿，从未被超越"。首先是让竞争对手看不懂我们在做什么，即使看懂了也做不了，就是做得了也跟不上。这就要求我们脑勤、手勤、腿勤、嘴勤。作为流行音乐的一代天王，周杰伦从2000年第一张专辑上市被抢购一空开始，到现在他的专辑销量无人能及，十余年中华语流行歌坛几乎被周杰伦一个人的声音统治了。周杰伦的成名之路，充

① 资料来源：翻译自《鹖冠子》。

满了自助、他助的艰辛而又幸运的经历，是打造个人专有资源之上的内外资源综合运用的典范。

周杰伦的成功之路[①]

周杰伦四岁那年去学钢琴，听了一遍就能复弹出来。但是高中联考时，总分只有100多分，连普通高中都没考上，后来淡江中学第一届的音乐班招生，这才绝处逢生。

中学的周杰伦是中分头、宽版裤，沉默又面无表情，再加上学习成绩不好，英语老师告诉他的母亲说周杰伦有智障。高中毕业没考上大学，准备了两次考台北大学音乐系，最终也失败了。

后来周杰伦到了一家餐厅打工，老板让他弹钢琴来招徕顾客，生意日渐红火。这个时候有人替他在台北星光电视台《超猛新人王》报了名，这是一个鼓励和推荐音乐人的平台。他精心创作了一首歌曲《梦有翅膀》，但是对自己的演唱实在没信心，于是请了一位歌手演唱，他来钢琴伴奏。表演那天，他和演唱者配合十分别扭，弄得台下的听众嘘声一片，初出茅庐的一场表演彻底搞砸了。主持人吴宗宪是阿尔发音乐公司的老板，没想到他看了周杰伦的曲谱后对周杰伦说：“明天你到我的公司来上班吧！”这一次，又是绝处逢生！

周杰伦很珍惜这次机会，拼命写了很多歌，但老板吴宗宪推荐给许多歌星都没人要。最后，吴宗宪决定给周杰伦最后一次机会，让他自己演唱自己创作的歌曲，并且要10天之内写出50首歌！周杰伦背水一战，把自己关在办公室写歌，每天由妈妈送饭。吴宗宪选了他自写自唱的十首歌做成了第一张专辑《杰伦》，没想到专辑一出世便被抢购一空，接着第二张专辑《范特西》也大受欢迎。

在这个重包装的偶像速成音乐圈中，周杰伦的成功是个奇迹。其他男性的港台地区歌手，大多出身有钱的演艺世家。到底这个上下门牙过度咬合、

---

① 资料来源：整理自 http：//hi. baidu. com/% CF% C2% D1% A9% CC% ECde% D0% C7% D0% C7/blog/item/e3839025e0c91c3ac89559ce. html。

带有鹰钩鼻、下巴内缩的小子，是如何取代谢霆锋、刘德华或张学友，而成为亚洲最受欢迎的流行歌手？答案要从那间拥挤的录音间说起，要从以音乐取胜的原则和革命性的创意说起。周杰伦说："我大部分的女歌迷都不会对我说我很帅；相反地，她们会告诉我，她们喜欢我的音乐，被我的音乐吸引。"

未成名前，他买不起缎质床单、Ducati 摩托车，也没有追星族尖叫陶醉在他的演唱会上，更没有少女们像朝圣般只为了摸一摸他坐过的钢琴座椅；有的只是一小片间距从皮沙发到蓝绿色墙壁间的金黄色地板，坐落在东台北这一栋灰色大楼上，阿尔发唱片公司的录音室内。这是周杰伦当年仅有的小天地，一个可以让他蜷身小睡的狭小缝隙，他在这里反复梦到旋律和歌词，当曲子的片段像梦游的声带般泉涌而来，他就会起身，踉跄地走向键盘，把如夜景般的旋律写成乐谱或录成示范带……有两年之久，周杰伦极少离开这七楼的隔音间，专心写歌给才华平平、脸蛋卖座的歌手演唱。

营销既是营销别人，也是营销自己，如果周杰伦没有在歌曲上的天赋和后天的辛勤努力，那么在港台演艺圈中他将很难脱颖而出，如果没有这种天赋，他也很难得到吴宗宪的认可。每个人的成功过程中，几乎都充满了自助之上的他助，周杰伦的成功同样如此，是吴宗宪发现了他的天赋并给予了他机会，这就使得周杰伦可以在打造自身专有资源之上借用外部资源。不过，在变化如此之快、竞争如此激烈的娱乐圈，周杰伦能够十几年保持天王地位，这也充分证明了他的专有资源的不易复制性、不易超越性、不易替代性。

二、控制稀有资源

《韩非子》："力不敌众，智不尽物。与其用一人，不如用一国，故智力敌而群物胜。"与其靠自己的智慧和力量，不如用一国人的智慧和力量，所以就能敌得过众人的智力而胜过万物。营销，不但需要打造自身的专有资源，还要能够控制住稀有资源。

楚汉之争

在楚汉之争中，项羽自称为霸王，正所谓"力拔山兮气盖世"，其自身的绝对实力要远远强于刘邦。但是，正是由于项羽自身过于强大，导致他不愿意听取外部意见，不愿意借助外力，用一己之力来与刘邦的联军相抗衡。而刘邦由于自知自身实力有限，因此充分运用外部资源，正如他后来所说：“夫运筹帷幄之中，决胜于千里之外，吾不如子房；镇国家，抚百姓，给馈饷，吾不如萧何；连百万之军，战必胜，攻必取，吾不如韩信。此三杰，皆人杰也，能用之，皆吾所以取天下也。项羽有一范增而不能用，此其所以为我擒也。”

刘邦通过充分控制稀有资源，做了一个大加法，增强了自身的综合竞争优势，并借助垓下之围时的四面楚歌，扰乱了项羽部下的军心，取得了楚汉之争的最终胜利（见图6－5）。营销就是一个不断检验、实践、修正的过程，这其中包含着“三品”——人品、产品、小品。

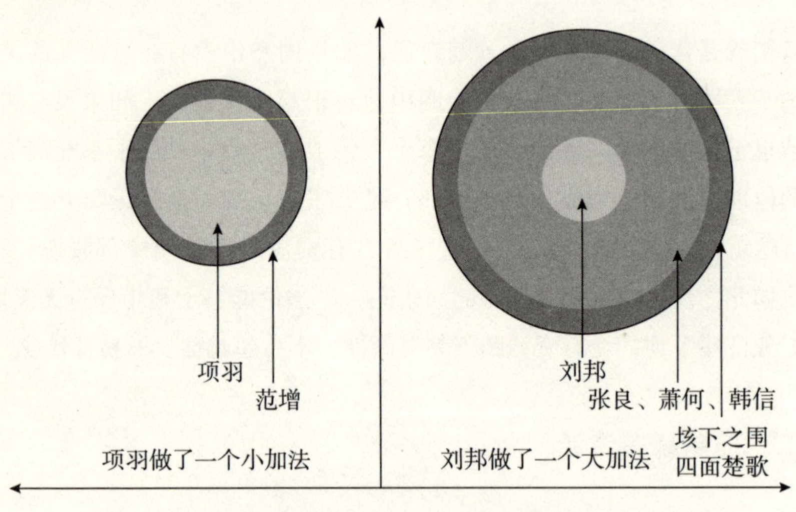

图6－5　楚汉之争

（1）人品：客户的成功，就是我们的成功；客户对我们的信任，就是我们成功的基础。

（2）产品：皮之不存，毛之焉附？客户关系是基础，产品关系是载体。

（3）精品与艺术的小品：营销既有过程，也有结果。营销是快乐的，这是营销的最高境界。

要想控制稀有资源，就必须有用人的心胸。刘邦的很多下属包括韩信，一开始都是追随项羽，但是项羽在用人上有刚愎自用的问题，难以体现出一种兼容的胸怀，这也导致他自身的专有资源很强大，但是控制稀有资源的能力很差。控制稀有资源需要一种空杯效应，在什么时候都要能够放下自我，人只有真正不把自己当回事，才能最终成大事。

三、善借通用资源

营销的通用资源可以分为物质资源和情感资源，物质上可以做到“借天下之财，赚天下之利”，情感上要做到“人之所欲，必施于人”。读万卷书，更需高人点播；行万里路，更需贵人相助；广交益友，更需名人推荐。营销一定要善于借助外部资源。

通用资源中比较具有代表性的就是借用外部的资金和进行无成本的投入。以信用卡的营销为例，银行的信用卡可以概括为“三吃”：用户“吃”了银行一口，无成本地利用了银行的信贷资金；银行“吃”了商家一口，要求商家在刷卡消费中返还给银行一定比例的手续费；商家“吃”了用户一口，在用户的消费中获得了利润。银行可以给商家提供广告宣传支持，商家利用银行的网络可以对自身产品进行宣传，这实际上就是“用户、银行、商家”之间资源的相互借用。

在营销中，微笑是无成本的投入，赞美是低成本的投入，这些情感资源在营销中是小投入、大产出。营销也是一个社会关系圈的不断打造，通过政府圈、朋友圈、协会圈、目标客户圈的打造，获得一个不断扩展的关系网，在这些关系网中获得自己所需要的信息和资源，做到大家的互利共赢。

9000 万欧元结汇

2009 年年底，某一大型企业有一笔 9000 万欧元的资金到账，这笔款项要经由企业所在城市的人民银行中心支行划转到企业的结算银行，而该结算银行在该城市中没有营业网点，按照当时的管理规定这是一件基本不可能的事情。

当时这个业务涉及省级人民银行分行和市级人民银行支行两级主管机构，如果该结算银行想要帮助企业把这笔业务做成，就要获得这两级管理机构的共同认可。在这次营销中涉及了省级人民银行分行的行长、总经济师、处长、副处长、科长、经办员，市级人民银行支行的行长、副行长、主任、经办员十个相关人员。如果不能很好地运用专有资源、稀有资源和通用资源，根本就无法获得与相关人员沟通的机会，尤其是无法与主管领导进行沟通。结算银行把自身的资源和外部的资源充分调动起来，最后在省级人民银行支行方面通过获得某一关键人物的支持，在内部进行了信息的上下沟通，获得了相关领导对该业务的了解和认可。

在市级人民银行支行方面，尽管获得了行长、副行长、主任的支持和关心，但是到了最后一天记账的时候，经办员离开了，当时所有的人都没有想到会在这个环节出问题，一下子就非常被动。经过不断沟通，在截止日当天人民银行系统关闭前的半个小时，这笔业务才最终做成。

这次营销前后持续了有半个月，也正是通过这次的营销，最后得出来一个结论：营销的成功是在一组约束条件下的成功。如果说营销中涉及了十个环节，那么只有每个环节都成功，营销才能成功，只要有一个环节失败，营销就会功败垂成。

第三节　信息论

《孙子兵法》云："不知敌之情者，不仁之至也，非民之将也，非主之佐也，非胜之主也。故明君贤将所以动而胜人，成功出于众者，先知也。"信息是营销制胜的关键，有了信息才能做到有的放矢、事半功倍。沟通中有 3 种信息：公开信息，这是普通关系之间就可以沟通的信息，也是没有多大价值的信息；私密信息，这是朋友之间才可以沟通的信息，具有一定的价值；绝密信息，这是至交之间可以沟通的信息，具有最大的价值（见图 6－6）。

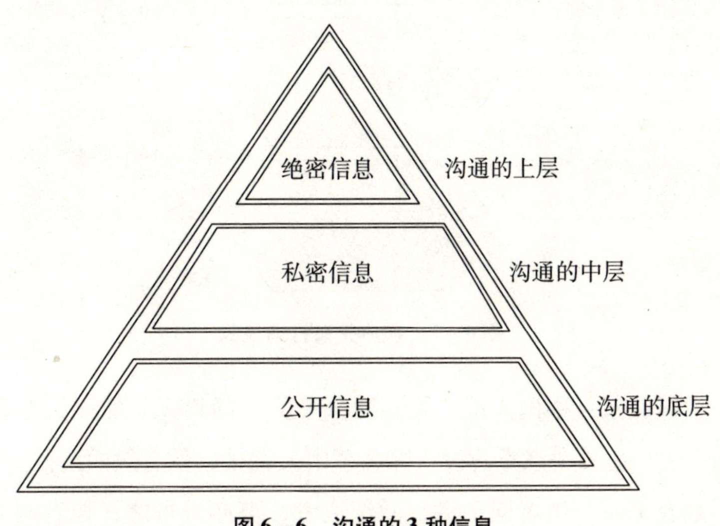

图 6－6　沟通的 3 种信息

一、关系打造

《孙子兵法》通篇都在讲究谋略，在进行各种计算，但是计算的前提是知道信息，尤其是知道对方的真实信息。关于信息的来源，在《孙子兵法》最后一篇“用间”中进行了阐述：“故三军之事，莫亲于间，赏莫厚于间，事莫密于间，非圣贤不能用间，非仁义不能使间，非微妙不能得间之实。微哉微哉！故明君贤将，能以上智为间者，必成大功。”找到内部人，是获取信息的关键，无论是军事还是营销，有信息才能有办法。对于营销一个组织来说，我们必须在组织内部找到自己的关系人，从关系人中获得我们所需要的私密信息和绝密信息。我们必须学会用某种策略、用某种方式，去把握对方的脉搏，去了解对方的真实想法，只有这样我们才能够避免由于猜测带来的惨痛失败。

要进行机构客户的营销，就要先在机构客户中找到我们自己的内部人，如何找到我们的内部人？下面介绍六大关系来源：血缘关系、朋友关系、同学关系、同乡关系、客户关系、工作关系（见图6－7）。

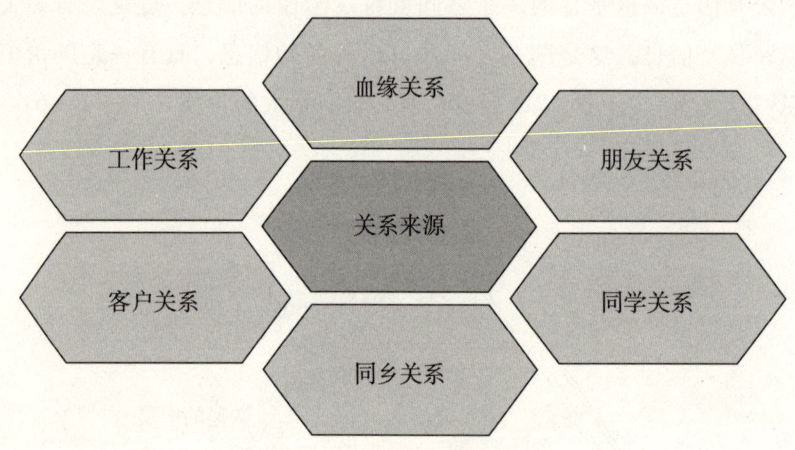

图6－7　客户关系打造模式

（1）血缘关系：中国人是“家、国、天下”的概念，家永远是联系个人最重要的纽带，血缘关系是建设人际关系中最直接、最有效的路径。

（2）朋友关系：道者同于道，同于道者，道亦乐得之；德者同于德，同于德者，德亦乐得之。朋友圈是一个兴趣相投的圈子，像书法协会、高尔夫球俱乐部等，一方面是个人爱好的发挥场所，另一方面也是人际交往的舞台。

（3）同学关系：同学关系是打造社会舞台的重要路径，尤其是那些来自名校的毕业生，学校资源是一个非常好的营销渠道，像美国耶鲁大学的骷髅

会、清华校友会、北大校友会等。同学关系最大的好处是水涨船高，在大家都是学生的时候建立起来的感情，随着若干年大家的共同发展，感情越来越稳固，曾经经历过共同青春的这些同学关系变得弥足珍贵。

（4）同乡关系：他乡遇故知，这是人生四大喜事之一，同乡关系也是宗族关系的一种延伸。中国人对老乡这个概念很看重，这也是对来自同一个生长环境的人的一种认同。

（5）客户关系：营销就是把陌生人变成朋友，当客户对我们认可之后，客户对我们的推荐是我们对外建立客户关系的一个重要平台。

（6）工作关系：同事之间在一定程度上也是朋友，有些必要的社会关系也可以通过同事之间的相互引荐来建立。

二、沟通交往

在营销中有“三靠”：关系靠走动、感情靠联系、信息靠沟通。要获得我们所需要的信息，就要创造对方说真话、说实话的条件。人与人的交流沟通可以分为5个阶段，这5个阶段在喝酒中最容易体现（见图6－8）。

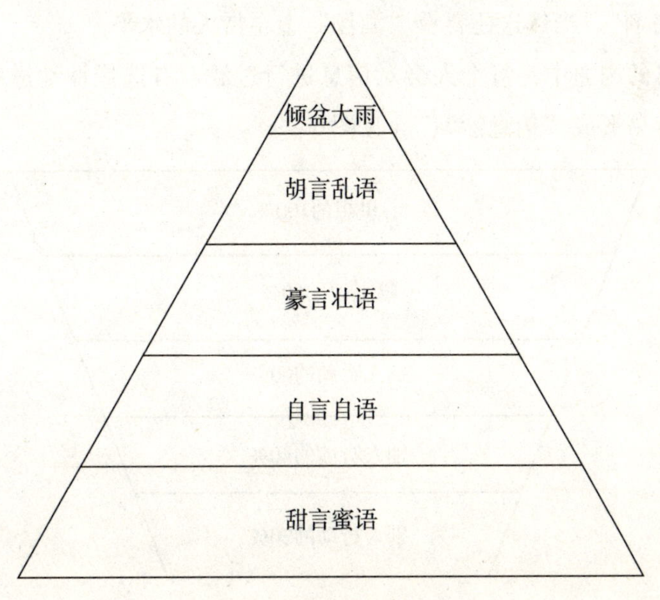

图6－8　沟通交往五层

（1）甜言蜜语阶段，在这个阶段人与人的交往都是带着面具在交往，大家彼此之间非常客气，但是又在相互试探着对方，大家沟通的都是一些公开信息。

（2）自言自语阶段，在这个阶段人与人之间已经比一开始要熟悉，经过了一段时间的试探之后开始摘下面具，但是彼此之间还是不够信任，还是进行公开信息的沟通。

（3）豪言壮语阶段，在这个阶段人们之间已经在酒精的催眠作用下变得熟悉起来，经过交往也开始摘下面具进行无面具的沟通，此时彼此之间已经有一定的信任，可以透露部分私密信息。

（4）胡言乱语阶段，在这个阶段酒精已经使得陌生人变成朋友，在无面具情况下大家已经可以彼此敞开心扉，可以交流私密信息。

（5）倾盆大雨阶段，在这个阶段大家已经从朋友变成亲人，彼此之间是“明明白白我的心”，可以进行绝密信息的沟通。

中国人是感性之上的理性思维，酒是很好的激发情感的东西，在酒精的掩饰下很多人可以很快地由陌生人变成亲人，很快导入沟通的最后一个阶段——倾盆大雨阶段。当然，中国人喝酒就是一种情感的导入，只有感情到了，有些话才可以谈，有些事情才可以说。酒在这里起到导入的作用，酒是一个“兴奋剂”，当然这还要看“酒场”上主持人的水平。

在信息的沟通中，每个人会对信息进行过滤，有选择性地进行表述，所以沟通中容易形成“信息沙漏”（见图6－9）。

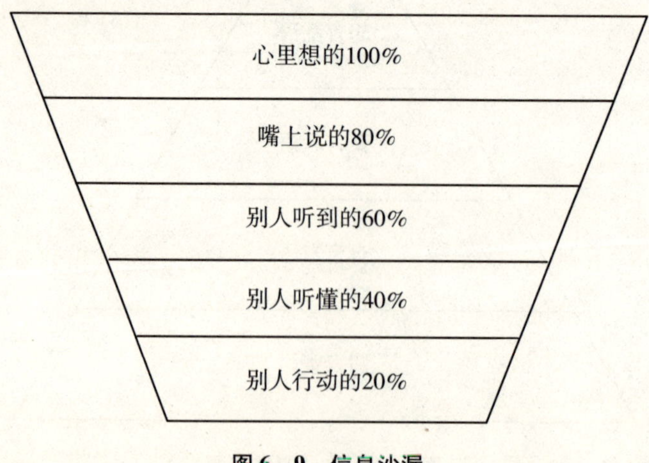

图6－9　信息沙漏

有限的观察问题，决定了有限的思考问题。为了降低沟通中的“信息沙漏”，我们就要根据与客户之间彼此对信息掌握的深度、高度和角度的不同，采取合理的沟通方式（见图6－10）。

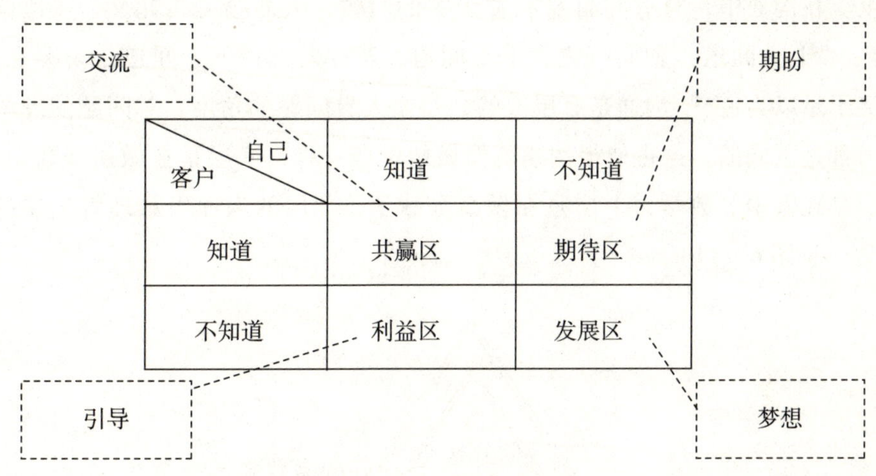

图6－10　信息沟通四区

1. 共赢区的信息交流着说

共赢区是指彼此之间你知我知的信息，这往往就是一些公共信息，对于公共信息彼此之间可以讨论着说，从中找到彼此之间的共同点，例如对于一些时政要闻、体育报道可以进行讨论。

2. 期待区的信息期盼着说

期待区是指对方知道而我们不知道的信息，这些信息是对方最在意的信息，在营销中要谈论对方感兴趣的话题，而不是我们感兴趣的话题，所以营销的切入点就是从期待区中开始。

3. 利益区的信息引导着说

利益区是指我们知道而对方不知道，这些信息是在沟通中我们最在意的信息，但是由于客户对这些信息一开始并不感兴趣，所以我们要引导着客户来说，通过让客户对这部分信息感兴趣来实现我们的沟通目的。

4. 发展区的信息试探着说

发展区是指对方与我们都不知道的一些信息，这些信息是我们在彼此沟通中加深对彼此了解的一些信息，当双方共同去获得了这些发展区的信息之

后，对彼此的进一步交流和合作创造了一个更高的平台。

沟通的效果会受到3个方面的影响：①认识度，这是认知的上线；②承受度，这是对坏消息的承受底线；③关系度，这是指信息与自身利益的相关度。在沟通中，只有与自身利益无关的时候，人才会变得超然。《道德经》：“上士闻道，勤而行之；中士闻道，若存若罔；下士闻道，大笑之，不笑不足以为道。”沟通是有层次的，每个人看问题的角度、对问题的理解能力都是不同的，这也使得沟通就像做数学题一样，底层是在做初等数学，中层是在做中等数学，上层是在做高等数学，下层的沟通很难理解上层的含义（见图6－11）。

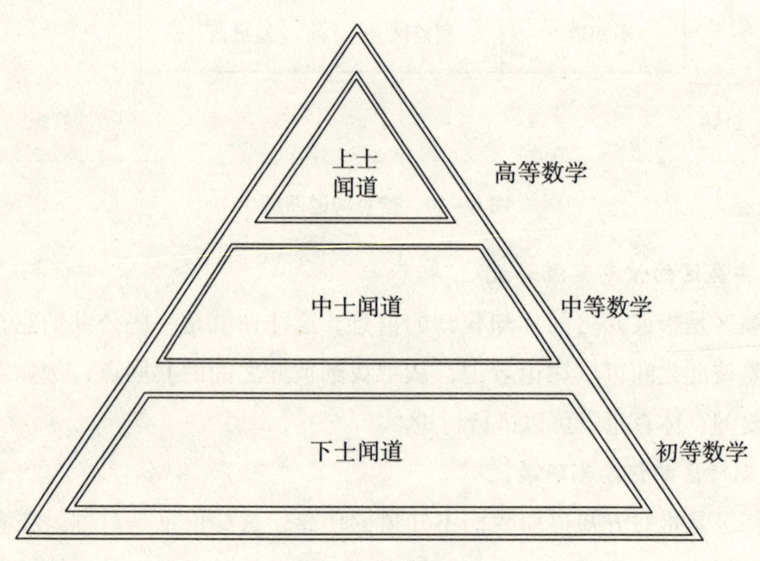

图6－11　沟通层次

10亿元信托理财产品的沟通

某一支行需要为大客户发行10亿元的信托理财产品，由总行和信托公司进行文件准备，分行负责进行信息的传递和沟通，支行负责客户的营销。但是，到了临近预定发行日期的时候，总行和信托公司就资金的用途产生了分歧，导致项目面临搁浅的风险。一方面，总行坚持要求资金用于补充流动资金；另一方面，信托公司坚持要求资金用于进行项目建设。双方对此争执不

下，项目亟须双方的信息沟通。

支行这个时候就只能携分行以沟通总行和信托公司，将总行和信托公司的两种语言变成一种语言。首先，对总行提出项目中也有流动资金，流动资金的类型可以宽泛；其次，对信托公司提出项目也可以是集团的某一生产线，而不是只能针对集团的某一下属子公司，项目的主体可以宽泛；最后，在总行和信托公司之间创造出了共识，双方采取了求同的方式，信托产品得以在截止日期前的最后一天顺利发行（见图 6 - 12）。沟通不仅需要技巧，更需要过硬的专业知识作为支撑，只有掌握得比对方还多，才能不断为对方绸缪，为对方解困。

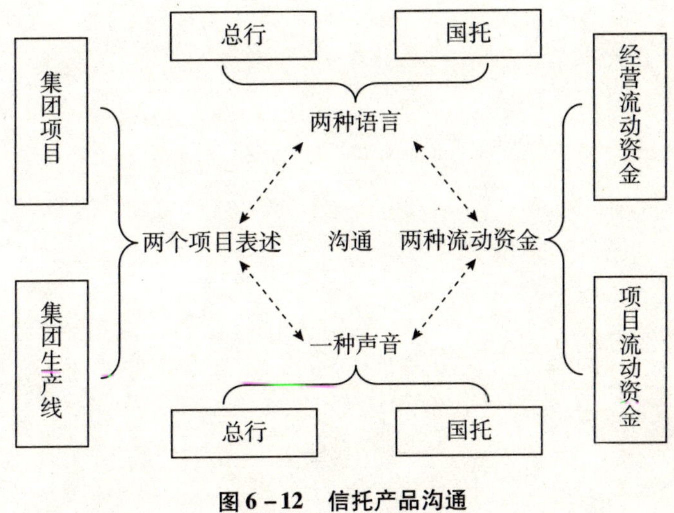

图 6 - 12　信托产品沟通

第七章

提升客户的双重价值：演技 + 价值

子曰：“性相近也，习相远也。”

——《论语·阳货》

《道德经》："民之从事，常于几成而败之。慎终如始，则无败事。"营销的过程也是成长的过程，每一次的成功都会给我们带来下一次营销的自信。我们必须要有自己的职业素养和职业能力，要做到具有为对方提供不易复制、不易超越、不易替代价值的综合实力，能力就是我们最强有力的武器。在营销这个舞台上，我们要有持续的表演能力，要能够为对方带来持续的价值。

人的成长是一个不断递进的过程，人的成长如同大学毕业生刚到一个地方工作，一开始像"刘姥姥进了大观园"，但是一段时间之后就觉得并不神秘，再过一段时间发现只要自己努力就会成功。

在营销中：①工作就是学习，要不断地解决问题；②问题就是创新，要不断地开发智力；③困难就是发展，要不断地积累智慧；④精品就是答卷，要不断地精雕细刻；⑤名牌就是标志，要不断地质量制胜；⑥业绩就是水平，要不断地价值提成；⑦岗位就是舞台，要不断地走向未来。

第一节　硬实力＋软实力

营销中实力是创造价值的基础，发展会产生问题，但是发展也会解决问题，自身实力的发展是永恒的道理。这里有一个关于两只小小鸟的故事：有两只小小鸟，个头差不多大，但是有一只小小鸟自我感觉很良好，认为对方与自己相比还早着呢，自己很强大。当过了一段时间，对方由一只小小鸟变成了大鸟，自己还是一只小小鸟，这时它仍感到对方与自己一般大。再过一段时间，对方由一只大鸟变成了一只鸵鸟，这只小小鸟才觉得对方比自己强大。营销的实力就是这样，当你与对方差不多的时候，无法为对方创造他所需要的价值，只有不断的提升自己，使自己比对方强大许多，才能为对方创造他所期盼的价值，营销实力的核心就是“自强者胜”。

一、硬实力

当前中国的土壤，是一个百家争鸣、百花齐放的状态，市场是百科全书。在创造新生事物的过程中，市场塑造出一批企业家和理论家。要在营销中为客户创造价值，就要打造自身的硬实力。营销就是你越强大，你的发展机会、你的选择机会、你的合作机会就越多。在市场经济中，社会资源是有限的、竞争是无限的、方法是无止境的。

在营销中要锻炼三绝——绝活、绝招、绝技。打造出不能或不易被复制的、不能被轻易取代的或替代的、不能被一步超越的能力。职业营销是全牌照的五证修炼：①微笑是通行证；②职业是许可证；③气质是信用证；④形象是身份证；⑤游说是营业证（见图7－1）。

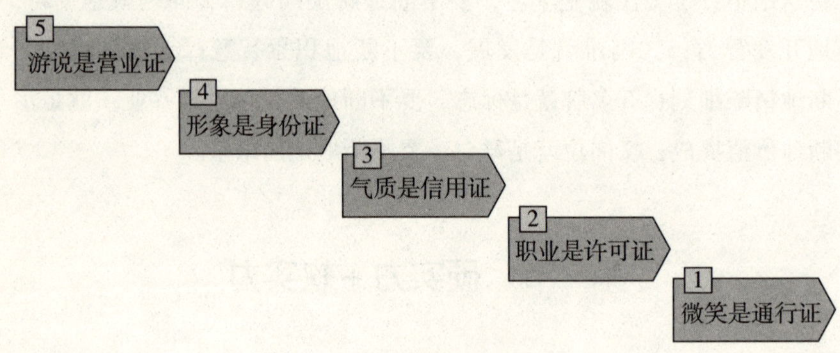

图7－1　营销全牌照修炼

苏秦为燕索十城①

燕昭王派苏秦到齐国交涉仍被齐占领的燕国土地。苏秦到齐，见了宣王，先拜了两拜表示祝贺，接着就仰起头来念悼词。齐王手按铁戈向后退了几步，

① 资料来源：整理自 http：//baike. baidu. com/view/16651. ehtml。

问道：“你这是怎么回事，先贺喜接着就念悼词？”

苏秦答道：“人饿的时候，之所以不吃毒药，是认为即使能填满肚子，可是不久就会死去。现在燕国虽然比较弱小，但也是强秦的翁婿之邦。大王贪图十个城邑的便宜却和强大的秦国结下了深仇。现在如果让弱小的燕国做先锋，而强大的秦国做后盾，从而用天下的精兵攻击您，这与吃毒药充饥一样危险，所以最好还是不要这样做。”

齐宣王说：“既然如此，该如何办呢？”

苏秦回答说：“圣人做事，能够转祸为福，因败取胜。因此尽管齐桓公虽有女色的牵连，自己的名声却更加尊贵；韩献子虽因杀人获罪，但自己的地位却越发稳固，这些都是转祸为福、因败取胜的例子。大王可以听从我的意见，不如归还燕国的十座城邑，并用谦恭的言辞向秦国道歉。当秦王知道大王是因为他的缘故而归还了燕国的十座城邑，一定感激大王。燕国平白无故收回城邑，也会感激大王，如此，大王不就避开了强敌，反而和他们建立了深厚的友谊吗？再说燕秦都会讨好齐国，那么大王发号施令，天下诸侯又有谁不会听从呢？大王只用话语表示亲近秦国，又以十座城邑取得天下的支持，这可是霸主的事业，也是所谓转祸为福，因败取胜的好办法。”

齐宣王听后非常高兴，于是把燕国的十座城邑送回，随后又送千金表示致歉，并一路叩头，希望结为兄弟之邦，恳请秦国赦罪。苏秦遂受到燕昭王重用。

苏秦只身一人赴齐，通过剖析秦、燕、齐三者之间的利害关系，使得齐王认同苏秦的观点，归还燕国的十座城池并以此“与秦示好、与燕结交、与天下诸侯国以仁”。苏秦不费燕国一兵一卒，通过一舌之辩的纵横捭阖而替燕讨回十座城池，这就是营销中的硬实力。

二、软实力

营销术就是怎么样与人打交道之术，是给对方带来价值、为对方创造价值、让对方因你而快乐。心理学是形而之上，行为学是形而之下，营销就是心理学之上的行为学。哲学中讲人的一生是三个我的斗争——自我、本我、超我。本我，原生态的自然属性情绪形态；自我，被影响状态下的社会属性，是半理性形态；超我，是哲学下的理性形态。

中国是一个富有情感思考的民族，在中国讲究的是"动之以情，晓之以理，绳之以法"，所以情感在中国人心中有非常重要的地位。营销中既有偏好，也有偏见。我们要在情感上创造偏好，把距离拉近，这就是将对方的理性思维变成感性思维。人的这种感情和理性的双因素思维使人在特定条件下既是强大的也是脆弱的，这也为营销提供了机会，为人的理性思维增添感性思维。

从营销中个人的成长来看，我们可以形象地比喻：营销就是把一棵小树做成一棵大树，继而再把一棵大树做成一片森林，也可以说，营销就是要具有在沙漠中创造出一片绿洲的能力（见图7－2）。这种营销能力的打造，最关键的就是软实力的打造（见图7－3）。

图7－2　沙漠中创造绿洲

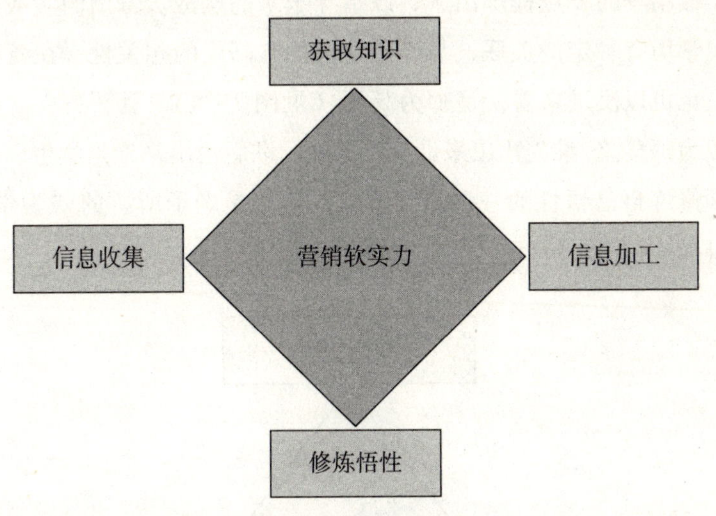

图7-3　营销软实力

1. 获取知识

营销软实力的基础就是知识，这既包括通用知识，也包括专有知识，还包括稀有知识。知识的累积是营销能力提升的基础，正如韩愈所说："古之圣人，其出人也远矣，犹且从师而问焉；今之众人，其下圣人也亦远矣，而耻学于师；是故圣益圣，愚益愚。"知识的获取，关键是要有一种持续的学习动力，这对人的价值观要求非常高，正如孔子所说："知学者不如好学者，好学者不如乐学者。"

2. 信息收集

营销软实力的关键是信息，信息的收集可以使营销做到事半功倍，正如《孙子兵法》中所言："故明君贤将所以动而胜人，成功出于众者，先知也。先知者，不可取于鬼神，不可象于事，不可验于度，必取于人，知敌之情者也。"

3. 信息加工

营销软实力的提升是信息加工，信息加工是对事物的举一反三、触类旁通的能力。每个人在营销中都是一部百科全书，要做到"读你千遍也不厌倦"。在营销中要能够挖掘出最有效的信息，在营销中捕捉到对方美的东西，建立起能够让对方感知到的尊重、真诚、热情。

4. 修炼悟性

什么是悟，是对许多做过的事情不断做减法、不断提纯、不断总结，把最核心、最精华的要点提炼出来，以指导未来的实战。营销的实战应用水平与年龄、学历有一定的关联，与经历、悟性有高度的相关性。在营销中是悟高为师，也可以反过来看，是师为高悟（见图7-4）。孔子曰：“温故而知新，可以为师矣。”谁先悟出来谁就是老师，谁后悟出来谁是学生。格物致知正是不断修炼自己悟性的一种重要方式，这也是老子所讲的“为学者日增，为道者日损”（见图7-5）。

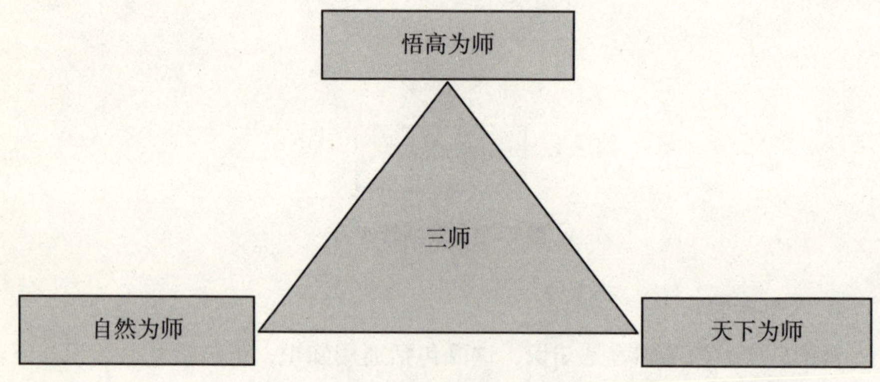

图7-4 营销“三师”

图7-5 格物致知

在营销中，唯一指导我们成长的是我们不断追求事物的合理性。只要一件事情是合理的，那么条件具备之后，这件事情就可能会成功。我们对营销既要做到感觉到，也要做到理解到，毛泽东在《实践论》中说道："感觉到了的东西，我们不能立刻理解它，只有理解了的东西才能更深刻地感觉它。"

为什么营销是少数人的事？因为真正在营销中能够认识机会、把握机会的人是少数。当机会到来时，在机会的前期大多数人是看不明白的，这是一种"迎之不见其首，随之不见其后"的状态。正因为大多数人看不明白机会，成功者才有机会，因为这时的营销是成本最低的。熟知优势、知晓劣势、规避威胁、把握机会是营销的"四知"（见图7－6）。

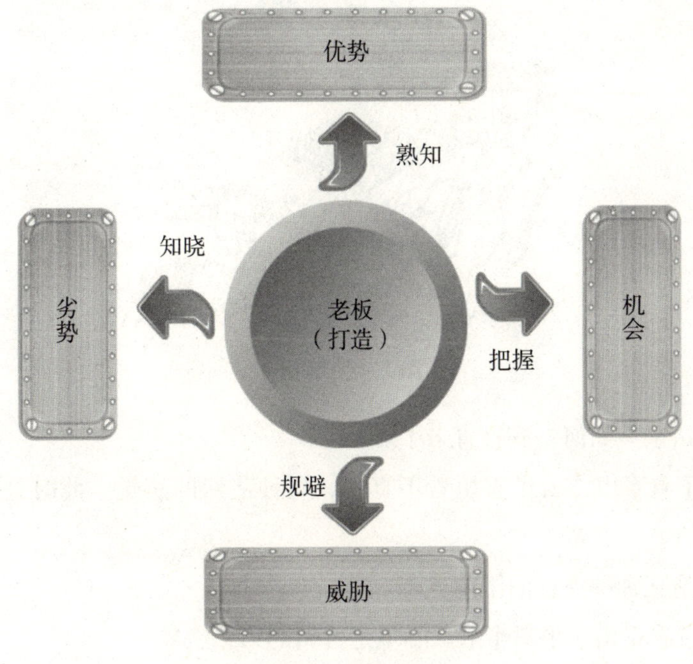

图7－6　营销"四知"

营销是"攻心为上、攻上为要、攻要为先"，这要求营销要做到拿得起、放得下、睡得着、挺得住。营销是一种创造财富的职业感觉，是一种职业演员的感觉，而不是职业观众的感觉。营销中正向的职业感觉是有底线、无上限，负向的职业感觉是有上限、无底线，没有职业感觉是既无上限也无底线。

营销的正向职业感觉可以分为四种层次：入境、心境、意境、神境。这可以用杜甫的一首《望岳》来阐释（见图7－7）。

图7－7 望岳

（1）岱宗夫如何？齐鲁青未了。

在山下看泰山，云里雾里看不真切，有种茫然的感觉。此时是入境，入境是营销的第一境界。

（2）造化钟神秀，阴阳割昏晓。

在山腰看泰山，半睡半醒。心境是营销的第二境界。

（3）荡胸生层云，决眦入归鸟。

在接近山顶处看泰山，豁然开朗。意境是营销的第三境界。

（4）会当凌绝顶，一览众山小。

在山顶看泰山，洞若观火。神境是营销的第四境界。

第二节　理性思维+情感思维

曹操：“居家为父子，受事为君臣。”中国人具有情感之上的理性思维，讲究的是“情、理、法”，情在前、理在后、法最后。情感对理性有种提升作用，在情感上接受了之后就会产生偏好，在情感上不能接受就会产生偏见。偏好可以放大营销机会，偏见则缩小营销机会（见图7-8）。

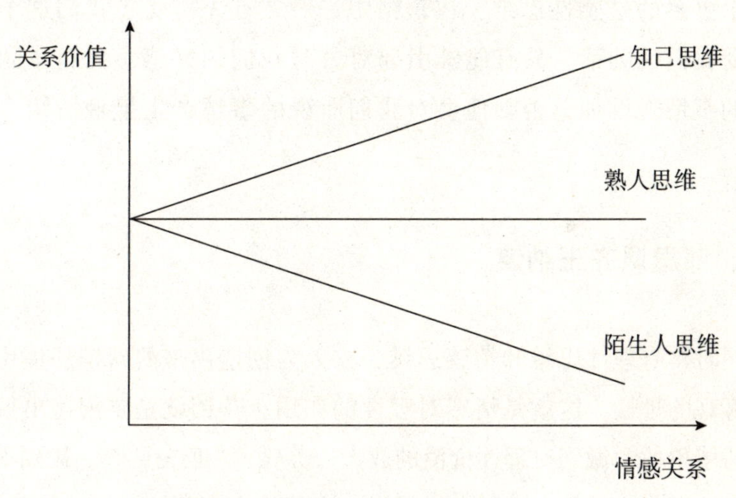

图7-8　情感思维的营销价值

（1）陌生人思维=理性+偏见

当营销双方是陌生人时，由于彼此并不了解，就会产生陌生人思维，即“理性+偏见”，这是一种向下走的关系价值。在这种思维方式下，无论说什么，对方都会进行一定的过滤，对方对我们所能提供的价值也会有偏见。

（2）熟人思维 = 理性 + 公允

当营销双方是熟人关系时，彼此之间具有一定了解，此时会产生熟人思维，即“理性 + 公允”，这是一种平行的关系价值。在这种思维下，对方会对我们所说的事情产生一种公允的理性思维，能够在一定程度上做到实事求是。

（3）知己思维 = 情感 + 偏好

当营销双方是知己关系时，彼此之间非常了解，此时会产生知己思维，即“情感 + 偏好”，这是一种往上走的关系价值。在这种思维下，对方会对我们所说的事情产生一种偏好的情感思维，对我们所提供的价值产生一种增值的偏好。

孔子曰：“君子不以言举人，不以人废言。”在现实当中，这是非常难以做到的。人有社会属性和自然属性，社会属性中更多的是理性思维，自然属性中更多的是感性思维。在营销中，对方首先接受了我们这个人，而后才接受我们说的话。只有能够引起对方对我们的好感，我们才能将需要告诉他的事情告诉他，否则他会对我们所说的事情产生抵触情绪，进而产生偏见。

一、邹忌讽齐王纳谏

人同时具有理性思维和情感思维，在人为创造出来的营销环境中，人很难保持客观的理性，这就是情感对理性的作用。营销就是要创造出彼此之间的这种情感价值，做到对理性价值的放大。苏轼：“匹夫见辱，拔剑而起，挺身而斗，此不足为勇也。天下有大勇者，卒然临之而不惊，无故加之而不怒。此其所挟持者甚大，而其志甚远也。”营销的情感思维会让我们和客户按照内心的冲动做事，但是理性思维会让我们和客户按照规律去做事。营销就是用对方的情感思维代替理性思维，反营销就是用理性思维代替情感思维。能够战胜自己的人，是真正的强者（见图 7 -9）。

图 7－9　自强者胜

邹忌讽齐王纳谏①

邹忌修八尺有余，而形昳丽。朝服衣冠，窥镜，谓其妻曰："我孰与城北徐公美？"其妻曰："君美甚，徐公何能及君也。"

城北徐公，齐国之美丽者也。忌不自信，而复问其妾曰："吾孰与徐公美？"妾曰："徐公何能及君也。"

旦日，客从外来，与坐谈。问之曰："吾与徐公孰美？"客曰："徐公不若君之美也。"

明日，徐公来，熟视之，自以为不如。窥镜而自视，又弗如远甚。暮寝而思之曰："吾妻之美我者，私我也。妾之美我者，畏我也。客之美我者，欲有求于我也。"

于是入朝见威王曰："臣诚知不如徐公美。臣之妻私臣；臣之妾畏臣；臣之客欲有求于臣，皆以美于徐公。今齐，地方千里，百二十城。宫妇左右，

① 资料来源：摘自《战国策·齐策》。

莫不私王；朝廷之臣，莫不畏王；四境之内，莫不有求于王。由此观之，王之蔽甚矣。”

王曰：“善。”乃下令：“群臣吏民，能面刺寡人之过者，受上赏。上书谏寡人者，受中赏。能谤议于市朝，闻寡人之耳者，受下赏。”

令初下，群臣进谏，门庭若市。数月之后，时时而间进。期年之后，虽欲言，无可进者。燕赵韩魏闻之，皆朝于齐，此所谓战胜于朝廷。

无论是邹忌还是齐王，都是具有强大理性思维的人，在一种对方创造出来的营销自己的环境中，还能够理性的看到自己的问题，这非常难得。人的情感思维很容易被对方放大，人的理性思维很容易被自己压抑，所以作为同时具备情感思维和理性思维的我们，既难以做到知人，也难以做到知己。而在营销中，我们就是不断地降低对方的理性，不断地提升对方的感性，使对方对我们产生一种情感上的偏好，用情感的偏好来帮助我们成功营销。

在营销中，我们与对方具有什么样的关系，在一定程度上也决定了我们与对方做什么层面的业务。如果我们与对方只是了解，那么在熟人思维下只能做一些常规性的业务；如果我们与对方是知己，那么在知己思维下就可以做一些核心业务。对方的思维方式，对我们的业务起到了或推动或阻碍的作用。

二、狐狸与乌鸦

人既有理性思维也有情感思维，如果对方以我们所喜欢的方式来与我们沟通，到最后形式上我们是胜利者，但是实质上对方是胜利者。

狐狸与乌鸦①

有只乌鸦偷到一块肉，衔着站在大树上。路过此地的狐狸看见后，口水直流，很想把肉弄到手。他便站在树下，大肆夸奖乌鸦羽毛美丽，还说它应该成为鸟类之王，若能发出声音，那就更当之无愧了。乌鸦为了要显示它能发出声音，便张嘴放声大叫，而那块肉掉到了树下。狐狸跑上去，抢到了那

① 资料来源：摘自《伊索寓言》。

块肉，并嘲笑说："喂，乌鸦，你若有头脑，真的可以当鸟类之王。"

人的情感思维和理性思维之间存在差距，在营销中装傻是成本最低的，真傻是成本最高的。因为装傻就是给对方以面子，让对方得到一种情感上的愉悦。

唐老鸭（见图7－10）为什么被美国人所喜爱呢？因为：拙中见巧、愚中见智、丑中见美。首先，拙中见巧：巧是从拙中来的，猛然一个动作你都想不到，都在观众的意料之外，不断地制造惊喜。其次，愚中见智：被别人（动物）戏弄来戏弄去，还非常快乐。最后，丑中见美：乍一看，唐老鸭长得很丑、很笨的样子，脚也很大，嘴也很大，仔细看看还是非常美的，每个动作都是非常和谐的。这就是一种情感上的偏好，当我们在情感上接受了之后，我们就会产生一种放大的偏好。

图7－10 唐老鸭

理性思维和情感思维的冲突，会让人们做出很多自己都认为不可思议的事，而这也正是我们的营销机会。在营销中，人们很难持续地拒绝一个人，因为人都有恻隐之心，所以如果对方提出的要求一开始非常不合理，被拒绝了，但是当对方再提出一个相对较低要求的时候，人们却有可能被自己的恻隐之心所左右而答应了对方的要求，因此在营销中数量就是质量，量变会引起质变。

在营销中首先要谈对方感兴趣的事，有了这个良好环境之后再跟进谈其他事，对方就容易接受，而一旦接受就等于成功。这种情感思维和理性思维的冲突实际上是人性当中互惠的一种外在反映，人的沟通是全面的沟通，当对方在情感上被我们打动之后，在理性上就会偏向于。当对方形成对我们的偏好之后，我们才能进行下一步的沟通，而这样的沟通成本也是比较低的。而一旦对方在情感上对我们形成了偏见，这种沟通成本将会是巨大的，所以对方首先接受的是我们这个人，其次才是我们的思想和观点，最后才是我们的业务关系。

婚礼来宾致辞

各位领导、各位来宾、各位亲朋好友：

大家好！

作为新郎的同事、朋友，很高兴以来宾代表的身份参加这次充满喜庆氛围的婚礼。

今天，新郎、新娘格外光彩夺目，精神面貌靓丽、精神气质美丽、大厅摆设华丽，展示了他们共同创造未来新生活的信心、决心与勇气。这是一个难以忘记的日子。

新郎李文，是我行优秀的员工，是高才生，文是他突出的个人素质优势，这也是他的父母寄予的很深的期望。新娘宋静，文静、富有特有的气质，是美女、淑女、智女，静是她的个人修养与水平。

李文与宋静为了共同的理想走到了一起，在这里我们共同庆祝他们人生中最精彩的时刻。

最后我们祝愿他们在未来的人生新的旅途中，生活更加美丽，事业更加成功，工作更加绚丽多彩，勤劳发展，天道筹勤，幸福美满，直到永远。

在这种讲话中，你要讲什么并不重要，关键是对方想听到什么非常重要。首先，他们的家人希望听到什么？其次，他们的朋友希望听到什么？最后，他们希望听到什么？只有符合他们所想的，说出来的才会是他们所愿意听的，这样才是有效果的。只有符合对方情感之上的理性，才是能够被对方接受的

理性，才是可持续的理性。

三、精神变物质

营销着、幸福着、快乐着；营销着、创新着、成长着；营销着、年轻着、美好着。在情感上，我们更多给对方展现的是阳光、美丽、健康、成功、快乐这些正向的价值。在营销中，我们的思想决定了我们的发展，我们的能力受到精神的制约。人既是一个常量，也是一个变量，人的能量既可以是无穷小，也可以是无穷大。

营销中情感和理性能够互为影响，这如同人的精神和体力能够相互转换，作者在一个公园中看到一个七十多岁的大爷在领舞跳“骏马奔驰保边疆”（见图7－11），一跳就是一个多小时，在音乐中完全陶醉。这时就会有一种消耗、两种抵消：首先，跳舞需要消耗体力；其次，在音乐声中这种体力的消耗会得到减缓；最后，作为领队有一种榜样的作用，有一种被人欣赏的价值，这是一种愉悦的情感满足，这种情感满足能够进一步减缓体力的消耗。在这种精神和体力的相互转化中，这位大爷感到非常快乐。

图7－11　骏马奔驰保边疆

其实，营销中同样如此，当我们营销客户时我们会消耗大量的体力、精力，但是一旦我们营销成功，成功的喜悦能够极大地降低我们的疲劳，甚至是大大超越我们的疲劳，使我们的精神得到极大的满足和放松。杜甫的一首《闻官军收河南河北》正是一种精神变物质的体现。

闻官军收河南河北

杜甫

剑外忽传收蓟北，
初闻涕泪满衣裳。
却看妻子愁何在，
漫卷诗书喜欲狂。
白日放歌须纵酒，
青春作伴好还乡。
即从巴峡穿巫峡，
便下襄阳向洛阳。

第三节 人之所欲，必施于人

营销最本质的核心就是“人之所欲，必施于人”。在营销中要做到以对方为中心。

关于营销中的以对方为中心，可以用载人飞船和目标飞行器的原理来形象比喻：当运载火箭将载人飞船送到预定的航天轨道之后，飞船实施多次变轨，找到目标飞行器然后向它靠拢，对接后形成组合体。组合体形成之后，由目标飞行器来决定组合体的姿态和轨道、大气环境与温度控制。在营销中，老板就是载人飞船，客户就是目标飞行器，是老板围绕着客户转，是客户决定飞行的轨道。紧跟并满足目标客户，是老板一切营销行动的最高指南。

一、道者同于道

什么是市场？怎么理解市场？第一阶段，靠近市场；第二阶段，贴近市场；第三阶段，融入市场；第四阶段，深入市场；第五阶段，走出市场（见图7－12）。只有能够走进市场之后再走出市场，这才算是真正了解了市场。

要想走进市场并且能够从市场中走出来，就要给客户讲他所关心的内容。作者曾经在某一个企业中，对某一女性领导进行如下评价：“三女——美女、淑女、智女；三吃——吃苦、吃亏、吃气；三干——会干、能干、精干。”当听到这样的评价的时候，对方的心里是一种愉悦的感觉。

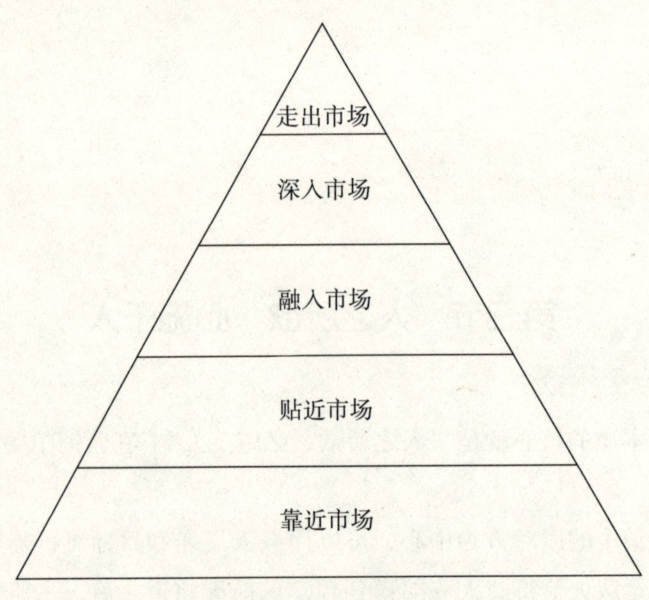

图7－12　理解市场阶段

薛宝钗的营销①

在《红楼梦》中，贾母很喜欢薛宝钗，这与她善于奉承和赞美贾母也有很大关系。譬如生日请戏班子来唱戏，薛宝钗知道贾母“喜热闹戏文”，在点戏时就特别点了《西游记》猴儿戏，让贾母高兴。而在贾母提起凤姐的“巧”时，宝钗便说：“我来了这么多年，留神看起来，二嫂子凭她怎么巧，再巧不过老太太去。”这句赞美真的说到贾母的心坎上，自觉很“巧”的贾母果然高兴地接着说：“我如今老了，哪里还巧什么。当日我像凤姐这么大年纪，比她还来得巧呢。”在贾府这个派系复杂、矛盾重重的大家族中，她的处世原则就是“事不关己不开口，一问摇头三不知”，这正如脂评所说：“待人接物不亲不疏，不远不近，可厌之人未见冷淡之态，形诸声色；可喜之人亦未见醴密之情，形诸声色。”这里的核心也正是营销中的“人之所欲，必施于人”。

要做到以客户为中心，就要做到与客户在个人关系上保持共同的爱好，

① 资料来源：整理自《红楼梦》，曹雪芹著。

对方的偏好包括成就、被承认、被接纳、有条理、安全感等，具体来说有“十三同”是需要做到的，有“三同”是需要避免的。需要做到的“十三同”是指：①同志相得；②同人相忧；③同恶相党；④同爱相求；⑤同智相谋；⑥同声相应；⑦同气相感；⑧同类相依；⑨同义相亲；⑩同难相济；⑪同道相成；⑫同艺相规；⑬同巧相胜。需要避免的“三同”是指：①同贵相害；②同利相忌；③同美相妒。

二、九型人格[①]

要想做到以对方为中心，就要对对方的性格进行了解和熟知，九型人格就是一种对性格的划分标准，通过对不同的性格的分类进行有针对性的营销，将做到事半功倍、直达人心（见图7－13）。

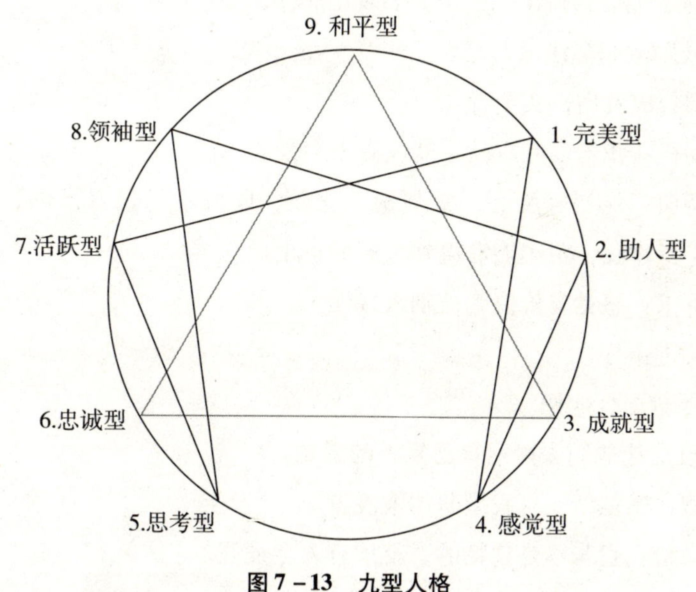

图7－13　九型人格

第一型：完美型，完美主义者

心理动机：我若不完美，就没有人会喜欢我。

① 资料来源：整理自 http：//baike. baidu. com/view/510310. htm。

性格特质：忍耐、有毅力、守承诺、贯彻始终、喜欢控制。

内心诉求：希望自己是对的，好的，贞洁的，有诚信的。

营销关键：

（1）以理性、合乎逻辑并且正经的态度和他们沟通。

（2）可以适时表现一些幽默感。

（3）说话要真诚、直截了当。

第二型：助人型，给予者

心理动机：我若不帮助人，就没有人会喜欢我。

性格特质：温和友善、随和，不直接表达需要，婉转含蓄，慷慨大方、乐善好施。

内心诉求：感受爱的存在。

营销关键：

（1）对于他们的付出，一定要表现出感激之意。

（2）鼓励他们多谈谈自己。

第三型：成就型，实干者

心理动机：我若没有成就，就没有人会爱我。

性格特质：强烈好胜心，常与别人比较，以成就衡量自己的价值高低，着重形象，工作狂，希望能够得到大家的肯定。

内心诉求：感觉有价值，被别人接受。

营销关键：

（1）尽量配合他们。

（2）设法让他们去探索自己真正的感觉。

第四型：感觉型，自我型悲情浪漫者

心理动机：我若不是独特的，就没有人会爱我。

性格特质：情绪化，追求浪漫，惧怕被人拒绝，占有欲强，我行我素。

内心诉求：寻找自我，在内在经验中找到自我认同。

营销关键：

（1）一定要重视他们的感觉。

（2）密切地配合他们，令他们感觉到你是关心他们，愿意支持他们。

（3）称赞他们，特别是当他们能发挥自己的特质而有所贡献时。

第五型：思考型，观察者

心理动机：我若没有知识，就没有人会爱我。

性格特质：喜欢思考分析，但缺乏行动，对物质生活要求不高，喜欢精神生活，不善表达内心感受。

内心诉求：能干，知识丰富。

营销关键：

（1）要表现出亲切的善意。

（2）要求他们做决定时，尽量留给他们独处的时间和空间。

第六型：忠诚型，怀疑论者

心理动机：我若不顺从，就没有人会爱我。

性格特质：做事小心谨慎，不轻易相信别人，多疑虑，喜欢群体生活，安于现状，不喜转换新环境。

内心诉求：得到支援及安全感。

营销关键：

（1）持续地倾听。

（2）说话必须真诚、清楚明白。

第七型：活跃型，开朗型享乐主义者

心理动机：我若不带来欢乐，就没有人会爱我。

性格特质：乐观，要新鲜感，追上潮流，不喜承受压力，怕负面情绪。

内心诉求：追求快乐、满足、得偿如愿。

营销关键：

（1）以一种轻松愉快的方式和他们交谈。

（2）倾听他们伟大的梦想和计划。

第八型：领袖型，能力型保护者

心理动机：我若没有权力，就没有人会爱我。

性格特质：追求权力，讲求实力，不靠他人，有正义感，喜欢做大事。

内心诉求：自己决定生命的路向，捍卫本身的利益，做强者。

营销关键：

（1）说话尽量说重点。

（2）不要取笑或讥讽他们。

第九型：和平型，和谐型调停者

心理动机：我若不和善，就没有人会爱我。

性格特质：难于拒绝他人，十分温和，不喜欢与人起冲突，不自夸、不爱出风头，个性淡漠。

内心诉求：维系内在的平静及安稳。

营销关键：

（1）尽量倾听他们，并鼓励他们说出自己的想法。

（2）要适时地赞美他们，认同他们。

市场营销要求做到左右逢源、披荆斩棘、化险为夷，市场营销的职业感觉是处处感到我们的朋友遍天下，感到人生是五彩缤纷，山是那样的绿、水是那样的青、天是那样的蓝，一切是那样美妙。自然界、社会界都有其内在规律，自然界展现在我们面前的既有青山绿水、万紫千红、疾风暴雨，也有雨过天晴、春光无限。让我们一起走进这个美好的、充满竞争、起伏跌宕的市场中去，在竞争中感受海阔凭鱼跃，天高任鸟飞。

后　记

有什么样的梦想，就有什么样的世界。

有什么样的喜悦，就有什么样的人生。

梦想是老板打造职业魅力的基础，梦想决定了老板飞行视野的高度，梦想是老板辽阔的世界的核心。营销道路无上限、无止境，梦想是老板在这条道路上最忠实的朋友。

喜悦是老板攀登的支撑，喜悦是老板耕耘的收获，喜悦是老板创造客户价值的感动。营销需要乐在其中、乐此不疲的职业感觉，喜悦是老板最持久的动力源泉。

在本书的最后，援引歌德的《上帝和世界》以及愚公的《快乐着创造客户喜悦》两首诗，与大家分享营销中的梦想与喜悦。

上帝和世界

歌德

辽阔的世界，宏伟的人生；
长年累月，真诚勤奋；
不断探索，不断创新；
周而复始，永不停顿；
忠于守旧，又乐于迎新；
心情舒畅，目标纯正；
啊，这样又会前进一程！

快乐着创造客户喜悦

愚公

我们为客户创造生活的惊喜，
梦想融入客户的天堂。
我们创造客户价值的感动，
跻身客户攀登的舞台。
我们超越客户的期盼，
实现共同的蓝图。
我们每日耕耘，
感受客户的快乐，
体验创造的乐趣。

作 者
2012 年 2 月